ABITUR-WISSEN GESCHICHTE

Johannes Heinßen

Französische Revolution

STARK

ISBN 978-3-86669-294-8

Inhalt

Autor: Dr. Johannes Heinßen

Vorwort

Liebe Schülerinnen, liebe Schüler,

dass die Geschichte der Französischen Revolution zu den anspruchsvollsten Themen des Geschichtsunterrichts gehört, empfinden viele Schülerinnen und Schüler, aber auch viele Lehrerinnen und Lehrer so. Das liegt an der Dichte und Komplexität der Ereignisse der Jahre ab 1789 und daran, dass, wer sich mit der Französischen Revolution beschäftigt, in der Regel kaum Gelegenheit hat, die langfristige Vorgeschichte in ihren Strukturen kennenzulernen. Denn meist beginnt man erst mit der Krise des Ancien Régime.
Das ist im vorliegenden Buch anders: Es bietet Ihnen zum einen ein **fundiertes Überblickswissen**, indem die **Ausgangssituation** präzise, gelegentlich mit Rückgriffen bis ins Mittelalter, behandelt wird. Zum anderen wird Ihnen eine historische Erzählung der wesentlichen Ereignisse und Phänomene der Französischen Revolution am **Leitfaden der Chronologie** angeboten, die alle prüfungsrelevanten Aspekte systematisch aufgreift und Ihnen damit eine **klare Orientierung** verschafft. Die Phasen starker Verdichtung der Ereignisse, im Sommer 1789 sowie in der Terreur 1793/94, sind dementsprechend ausführlicher dargestellt als andere Zeiträume. Dabei wird versucht, verschiedene Ebenen des Geschehens, die gleichzeitig ablaufen, sorgfältig zu trennen.

In diesem Sinne möchte Ihnen der vorliegende Abriss des Revolutionsgeschehens von 1789–1814 zweierlei an die Hand geben: Zum einen soll die Art, wie man als Abiturient(in) historische Erzählungen verfassen kann, ganz praktisch vorgeführt werden. Zum anderen finden Sie in diesem Buch auch die traditionelle, auf das Erkenntnisinteresse von Abiturientinnen und Abiturienten zugeschnittene **Zusammenfassung des prüfungsrelevanten Lernstoffes** für Ihre Vorbereitung auf Klausuren und das Abitur. Weiterführende Literatur und ein Stichwortkatalog vereinfachen das selbstständige Wiederholen.

Allen Leserinnen und Lesern wünsche ich bei aller Anspannung auch ein bisschen Freude bei der Vorbereitung und schließlich viel Erfolg im Abitur!

Johannes Heinßen

Dr. Johannes Heinßen

Grundzüge der alteuropäischen Sozialverfassung

„Antike – Mittelalter – Neuzeit" – scheinbar unumstößlich prägen und gliedern diese drei Epochenbegriffe unsere Vorstellung vom Verlauf der europäischen Geschichte. Der kulturellen Blüte zu Zeiten der Griechen und Römer (1000 v. Chr. – 500 n. Chr.) folgte eine dunkle Phase des Niedergangs (500–1500), bis schließlich, getrieben von Humanismus und Renaissance, die europäische Zivilisation den Weg des Fortschritts einschlug, der bis heute nicht geendet hat.

Welche herausragende Bedeutung hat also die Französische Revolution? Kommt ihr überhaupt eine Schlüsselfunktion für das Verständnis entscheidender Weichenstellungen zu? Schließlich scheint sie mitten in der Neuzeit zu liegen, die man üblicherweise um 1500 mit dem Zeitalter der Entdeckungen beginnen lässt. Warum also wird sie dennoch als eines der wichtigsten, weil folgenreichsten Ereignisse des vergangenen Jahrtausends gehandelt?

Um diese Frage mit Blick auf unsere eigene Gegenwart zu beantworten, ist es erforderlich, das allgegenwärtige Epochenschema für eine Weile zu vergessen und nach Grundmustern der europäischen Gesellschaft vor dem Aufbruch in die Moderne zu suchen. Auch in der Geschichtswissenschaft hat man diesen Weg eingeschlagen und die gefundenen Konstanten und Kontinuitäten unter dem Begriff **„Alteuropa"** zusammengefasst. Selbstverständlich ist auch er vereinfachend konstruiert wie die Epochenbezeichnungen; dennoch lohnt sich eine Auseinandersetzung vor dem Hintergrund der hier anstehenden Fragen.

Die Agrargesellschaft

Wollte man es überspitzt formulieren, müsste man sagen: Seit dem Übergang von der Alt- zur Jungsteinzeit hat sich in Europa wenig verändert. Die überwiegende Anzahl seiner Bewohner lebte von der Landwirtschaft. Ihren Lebensunterhalt bestritt sie mit dem Anbau von Feldfrüchten und der Zucht von Nutztieren. Letztere dienten auch zur Verrichtung der körperlichen Arbeiten, die zum großen Teil aber nach wie vor von Menschenhand erledigt werden mussten. Maschinen fehlten noch in allen Bereichen. Die Arbeit für das eigene Überleben füllte die Menschen aus. Sie waren abhängig von Klima und Wetter, sie freuten sich über den sonnigen Sommer, weil er die Ernte reifen ließ, und fürchteten sich vor Missernten, die das Überleben des ganzen Dorfes im Winter infrage stellten. Die Bauern lebten in Dörfern und blieben ihr ganzes Leben am selben Ort. Sie konnten ihn nicht verlassen, weil ihre Arbeitskraft benötigt wurde und Freizeit, geschweige denn Verkehrsmittel praktisch nicht vorhanden waren. Die Produktivität der Landwirtschaft war begrenzt; man lebte von dem, was man produzierte und versorgte sich fast ausschließlich selbst. Falls wirklich Überschüsse erzielt wurden, tauschte man sie auf lokalen Märkten gegen Waren ein, die man nicht selber produzieren konnte. Diese auf den bloßen Lebenserhalt abzielende Form des Wirtschaftens nennt man **Subsistenzökonomie**. Der Gesichtskreis des einzelnen Bauern war somit außerordentlich begrenzt. Fröhliche Feste in der Dorfgemeinschaft unterbrachen den harten Arbeitsalltag nur selten.

Grundherrschaft

Von einer staatlichen Ordnung im heutigen Verständnis konnte in dieser Gemeinschaft noch nicht gesprochen werden. Sie war angesichts der mangelnden Mobilität auch gar nicht erforderlich. Herrschaft fand dennoch statt. Aus dem Dunkel der Frühgeschichte entstammend gab es die Einrichtung des **Adels**. Hierbei handelte es sich um eine kleine gesellschaftliche Gruppe, die Vorrechte besaß und diese durch Abgrenzung gegenüber der nichtadligen Mehrheit für sich bewahrte. Grundlage dieser **Vorrechte** war die Verfügung des Adels über den **Boden**. Das Land, das die Bauern bewirtschafteten, verband sie also mit dem Adel, dem sie als Gegenleistung **Abgaben**, oft auch **Frondienste**, leisten mussten. Dafür übernahm der Adlige im Gegenzug den **Schutz** seiner Bauern im Falle kriegerischer Auseinandersetzungen; er sprach Recht, wo dies im dörflichen Rahmen erforderlich war. Auf diese Weise entstand ein **Grundherrschaftsverband** und mit ihm immerhin ein Mindestmaß an Aufsicht und Ordnung, welche gleichwohl in Krisensituationen (oder bei persönlichem Versagen des Adligen) schnell an ihre Grenzen gerieten.

Die sehr schematische Vorstellung von Grundherrschaft ist darüber hinaus im Einzelfall zu konkretisieren. Denn tatsächlich gab es zu dieser Zeit in einigen Gebieten Europas durchgängig freie Bauern, die niemals unter den Einfluss des Adels geraten waren. Im Großen und Ganzen kann man sagen, dass in Westeuropa vergleichsweise milde Formen der Grundherrschaft vorherrschten, in denen die Nutzung des Bodens durch Abgaben entgolten wurde. Je weiter man in Europa Richtung Osten vordrang, desto mehr nahm der Grad der Abhängigkeit und herrschaftlichen Unterwerfung zu. Für den ostelbischen Raum spricht man daher von **Gutsherrschaft**, weil hier Bauern als Leibeigene auf dem Land des Adligen arbeiteten, ohne über eigenen Landbesitz zu verfügen.

Die Variationsbreite der Formen von Grundherrschaft ist unermesslich hoch. Jedenfalls – und das gilt auch für Frankreich – ist stets im Einzelfall zu untersuchen, wie genau sich die grundherrschaftlichen Rechte an einem Ort gestalteten. Denn wo eine staatliche Oberaufsicht fehlte, gab es regional enorme Unterschiede in der Ausgestaltung dieses Grundmusters.

Die Darstellung der drei Stände und ihrer unterschiedlichen Funktionen (Mainz, Ende 15. Jh.): In der göttlichen Ordnung der Welt ist der Klerus (links) für die Seelsorge zuständig, der Adel (rechts) für den Schutz und die Bauern (unten) für die Arbeit. Das Nebeneinander von Klerus und Adel zur Rechten und Linken Gottes entspricht ferner den üblichen Darstellungen der Zwei-Schwerter-Lehre, durch die der westeuropäische Dualismus von weltlicher und geistlicher Herrschaft begründet wurde.

Die Grundherrschaft eines Adligen, Geistlichen oder Klosters über die auf seinem Land lebenden Bauern bildete nicht die einzige Form von Herrschaft. Sie kann vielmehr als eine Ausprägung eines allgemeinen strukturierenden Prinzips des Zusammenlebens angesehen werden. Ihr Ausgangspunkt war die Vorstellung der **Hausgemeinschaft**. Dieser gehörte in vormoderner Zeit nicht nur die heutige, durch Abstammung genetisch miteinander verbundene Familie an. Auch das auf dem Hof lebende Gesinde, also Knechte und Mägde bzw. in städtischen Haushalten Lehrlinge und Gesellen, zählte dazu. Es handelte sich insofern um den gemeinschaftlich lebenden und wirtschaftenden Hausverband. An seiner Spitze stand der **Hausvater**, der zugleich rechtlicher Vormund aller Angehörigen dieser Gemeinschaft war. Diese Form, die etwa bereits in der römischen *familia* in ihrer Andersartigkeit zur heutigen Familie zum Tragen kam, bildete das Grundmuster der alteuropäischen Gesellschaft: Angefangen beim einzelnen Bauernhof über den Grundherrschaftsverband bis hinauf zu den adligen Territorialherrschaften und schließlich zum Reich besaß ein Hausvater das Verfügungsrecht über die Angehörigen seiner Hausgemeinschaft. Herrschaft – darauf kommt es hier an – wurde nicht wie heute flächendeckend (als Herrschaft über ein Gebiet) oder legal (als Herrschaft, die auf gesetzlichem Wege zustande gekommen ist) verstanden, sondern sie entstand aus **personalen Abhängigkeitsverhältnissen**.

Die Beziehungen innerhalb des Adels werden dabei durch den Begriff des **Lehnswesens** beschrieben. Von der Grundherrschaft unterscheidet sich dieses dadurch, dass es sich dabei um ein Treueverhältnis zwischen Freien handelte, während die abhängigen Bauern (Grundholden) zumindest formal, häufig auch faktisch, unfrei waren.

Das Städtewesen

Neue Formen jenseits der grundherrschaftlichen Verfassung auf dem Lande entstanden in den Städten Westeuropas. Zumeist aus Kaufmannssiedlungen hervorgegangen entwickelten sie ab dem 11. Jahrhundert ein beträchtliches politisches **Eigenleben**. Die Fürsten förderten zunächst die Gründung von Städten durch Freiheitsrechte für deren Bewohner und trieben auf diese Weise den Landesausbau voran. Hiervon profitierten sie dann wiederum mittelbar. Allerdings erkämpften sich die Städte im Hoch- und Spätmittelalter umfassende **politische Autonomie** und vertrieben den Stadtherrn häufig ganz aus der Stadt, sodass ein Rat die politischen Geschäfte übernahm. Seit dem Spätmittelalter indes gelang es den Territorialfürsten immer besser, den Sondercharakter städtischer Herrschaft zurückzudrängen. Was blieb, war das Bewusstsein der Stadtbürger, sich klar vom Land und seinen Bewohnern zu unterscheiden, sowie die Stadt als **Raum verdichteter Kommunikation** und **öffentlicher Dynamik**, auch in politischen Fragen. Im Rahmen der Aufklärung würde dies von Bedeutung sein.

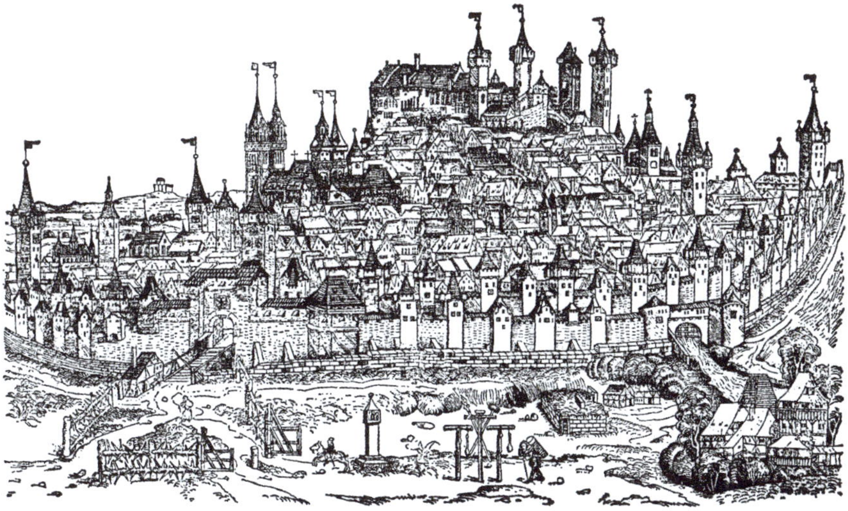

Die bekannte, idealtypische Darstellung Nürnbergs in der Schedel'schen Weltchronik von 1493 verdeutlicht die Unterschiede zwischen Stadt und Land: Charakteristisch ist die zentrale Lage an einem Fluss, der Schutz bietet und gleichzeitig als Wasserstraße Verbindungslinie und Handelsweg ist. Aus mehreren Richtungen laufen unbefestigte Landwege auf die Stadt zu. Die Stadt wird durch eine vollständige Ummauerung aus Stein, die von Stadttortürmen unterbrochen wird, umgeben. Die Stadtmauer dient nicht nur zur Abwehr und Verteidigung, sondern auch zur Abgrenzung gegenüber jenen, die nicht in der Stadt leben und damit auch nicht von den spezifischen Stadtrechten profitieren. Typisch ist zudem die enge Bebauung, aus der mehrere Kirchen sowie die Burg durch ihre exponierte Lage auf einem Berg deutlich herausragen.
Auch wenn die politische Autonomie der meisten Städte im Absolutismus verloren ging, blieben sie der Motor des gesellschaftlichen Fortschritts – auch in der Aufklärung und in der Französischen Revolution.

Konflikte innerhalb der alteuropäischen Sozialverfassung

Die alteuropäische Sozialverfassung war insofern zweckmäßig aufgebaut, als sie der vorherrschenden Immobilität der Menschen Rechnung trug. Herrschaftsrechte wurden in der Regel so **kleinräumig** wie möglich ausgeübt, denn die raumgreifende Verwaltung eines größeren Herrschaftsgebietes war schwierig. Trotzdem ist es bereits ein Grundzug mittelalterlicher Geschichte, dass die verschiedenen Ebenen dieser unterschiedlich großen „Hauswirtschaften" miteinander konkurrierten. Dies betraf die Herrschenden oberhalb der Grundherrschaften. Mittelalter und Frühe Neuzeit waren, was die Ausübung von Herrschaft anbelangt, von dem Streit zwischen **monarchischer Zentralgewalt** und adligen **Territorialfürsten** geprägt. Herrschaft über größere Gebiete aufrechtzuerhalten war angesichts der fehlenden Infrastruktur eine fast unlösbare Aufgabe. Die Etablierung einer ungefährdeten dynastischen Herrschaft war daher der unwahrscheinliche, oft nur durch Kompromisse ermöglichte Fall. Warum dies in Frankreich besser gelang als in anderen Ländern Europas, wird noch zu zeigen sein. Jedenfalls war es über Jahrhunderte hinweg – in Frankreich bis zum Jahr 1789 – üblich, die Anteile an Herrschaft und Macht immer wieder neu auszutarieren und festzulegen. Immerhin war der Gegensatz von geistlicher und weltlicher Gewalt, der Hoch- und Spätmittelalter geprägt hatte, in der frühen Neuzeit klar zugunsten der weltlichen Gewalten entschieden, sodass die Kirche in der Französischen Revolution keine wesentliche Rolle mehr spielte.

Nun könnte man auf den ersten Blick den Eindruck haben, dass hier wieder einmal nur die Geschichte der Mächtigen thematisiert wird. Tatsächlich gab es durchaus Bauernaufstände gegen den herrschenden Adel. Langfristig folgenreich waren sie jedoch nie, denn die Forderungen der Aufständischen betrafen in der Regel lediglich die Verbesserung ihrer Lebensbedingungen; zu einer revolutionären Umgestaltung der Gesellschaftsordnung kam es bis 1789 nirgends.

All die hier dargestellten Züge hatten das Leben der Menschen Europas seit Jahrhunderten geprägt, und sie taten dies für den überwiegenden Teil der Franzosen auch noch im Jahre 1789. Dies gilt es im Auge zu behalten, wenn im Folgenden diejenigen Vorgänge in den Blick genommen werden, die das Neue, Revolutionäre vorbereiten, das spätestens ab 1789 den radikalen Wandel der alteuropäischen Gesellschaft herbeiführte.

Aufklärung

Das folgende Kapitel gibt eine von vielen möglichen Antworten auf die Frage, wie es dazu kam, dass die über Jahrhunderte, wenn nicht sogar Jahrtausende hinweg stabile alteuropäische Gesellschaft einer beschleunigten Veränderung unterworfen wurde. Wir fassen diese hier unter dem Stichwort „Aufklärung“ und versuchen, sie skizzenhaft in ihren historischen Ursprüngen wie ihren Ausprägungen darzustellen. Wir wechseln also den Blick auf den Gegenstand, denn wir beschreiben jetzt nicht mehr das Leben der Menschen in seiner Breite, sondern wenden uns Erscheinungsformen zu, die eher von einer kleinen Elite getragen wurden. Diese Elite wohnte in den Zentren der sozialen Dynamik, in den Städten. Ihr Wirken war allerdings so folgenreich, dass langfristig auch das Leben der Landbevölkerung davon erfasst wurde. Die zu schildernden Prozesse lassen sich über das gesamte 18. Jahrhundert verfolgen, sie waren insofern ein **Langzeitphänomen**, das bereits vor dem Ausbruch der Französischen Revolution begonnen hatte und im Jahre 1789 weitgehend abgeschlossen war.

Voraussetzungen der Aufklärung

Aufklärung ist in der bekannten Definition **Immanuel Kants** der „Ausgang des Menschen aus seiner selbst verschuldeten Unmündigkeit“. Unter Unmündigkeit kann man in erster Linie die Gängelung durch die Autoritäten der alteuropäischen Gesellschaft, in besonderem Maße durch die Kirche mit ihren dogmatischen Wahrheiten verstehen. Auf der Seite der Betroffenen gehört dazu aber auch eine Haltung, die sich diesem Deutungsanspruch fügt, weil es an Mitteln und überhaupt am Ehrgeiz mangelt, eigene, bessere Erklärungen zu finden.

Im mittelalterlichen Ständedenken kam dem **Klerus** die Funktion des „Lehrstandes“ zu. In der alteuropäischen Gesellschaft monopolisierte er Wissen und Deutungshoheit. Zentral war das **mittelalterliche Menschenbild**. Es definierte den Menschen als Sünder, den am Tage des Jüngsten Gerichtes die Entscheidung erwartet, ob er im Leben nach dem Tode in der Hölle verschmachten muss oder mit den Freuden des Himmels rechnen darf. Darüber entschied das Verhalten im diesseitigen Leben – und dessen Normen waren von der Kirche vorgegeben. Strafen konnten indes auch schon zeitnah erfolgen: Naturkatas-

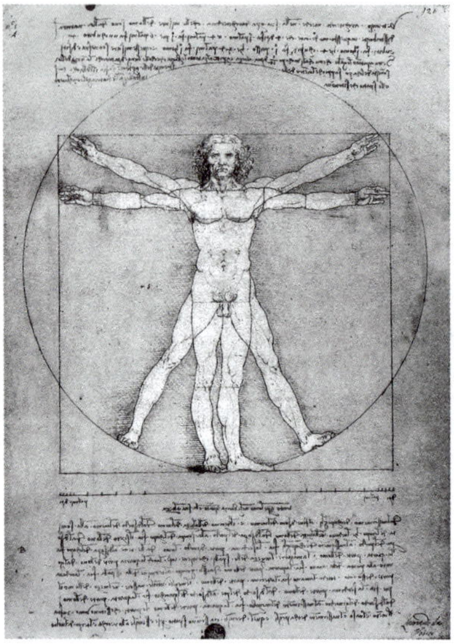

Die bekannteste Darstellung des neuen Menschenbildes der Renaissance: Leonardo da Vinci: Der vitruvianische Mensch, 1492.

trophen und Epidemien etwa wurden umgehend als Strafe Gottes betrachtet und zogen oft kurzfristige Frömmigkeitsbewegungen in der ungebildeten Bevölkerung nach sich. Insofern bildete die dominante **Sündenökonomie**, d. h. das Verrechnen von Tat und Strafe zur Erklärung von Natur- und gesellschaftlichen Phänomenen, den mehr oder weniger erfolgreichen Versuch einer gesellschaftlichen Disziplinierung.

Man kann den Weg hin zur Aufklärung bereits im späten Mittelalter angelegt sehen. In den Städten, in Südeuropa früher als nördlich der Alpen, kam es zur Herausbildung eines **weltlichen Gelehrtenstandes**. Universitäten wurden gegründet und bildeten neue, von der kirchlichen Lehre unabhängige Zentren der Gelehrsamkeit. Die **Wiederentdeckung der antiken Autoren**, namengebende Eigenschaft des Zeitalters der **Renaissance**, fiel hier auf fruchtbaren Boden und erreichte, aus Italien kommend, mit einer Verzögerung von rund 100 Jahren im 16. Jahrhundert das Europa nördlich der Alpen. Sie führte ein neues, **säkularisiertes Menschenbild** mit sich: Das sinnenfeindliche Christentum hatte die Beschäftigung mit den Phänomenen des Diesseits abgelehnt. Indem diese Denkverbote jetzt wegfielen, trat vor allem der Mensch als Objekt forschender Neugierde und unvoreingenommenen Interesses in den Vordergrund. Zeitgenössische Illustrationen belegen diesen Wandel eindrucksvoll.

Der frühneuzeitliche **Humanismus** stellt eine wichtige Vorstufe der Aufklärung dar. Zwar gab es hier auch schon erste Ansätze eines Erfahrungswissens, zunächst war dieser Humanismus jedoch überwiegend selbst eine Buchwissenschaft, welche ganz nach dem Muster der kirchlichen Autoritäten in den Werken der heidnischen Antike nach verbindlichen Wahrheiten forschte, ohne bereits eine differenzierte Methodik für die empirische Forschung zu entwerfen. Dies war dann die wesentliche Neuerung der Aufklärung.

Dieser letzte Schritt hatte sich bereits im **Zeitalter der Entdeckungen** ab 1450 angekündigt. Die Erfahrungen der Entdeckungsreisenden der großen europäischen Seefahrernationen erwiesen das kirchliche Weltbild ganz handgreiflich als widerlegt. Auch wenn die Kugelgestalt der Erde keine neue Erkenntnis war, so gab die Kunde von den fernen Kulturen den Europäern erstmals seit den Kreuzzügen Einblicke in die Bedingtheit ihrer eigenen Kultur. Angesichts des sich verändernden Denkens fielen diese jetzt auf fruchtbaren Boden.

Zur Relativierung des vormals Absoluten trugen auch innerkirchliche Entwicklungen bei: Indem sich mit der **Reformation** im Laufe des 16. Jahrhunderts der Protestantismus in seinen verschiedenen Spielarten in Europa etablierte, wurde den Zeitgenossen bewusst, dass man die Heilige Schrift verschieden interpretieren konnte. Das **Prinzip der Schriftkritik** ließ sich schnell über die Theologie hinaus zu einer zentralen Denkform der Aufklärung entwickeln. Autoritäten galten hinfort nur noch als solche, wenn sie der kritischen Sichtung standhielten. Der im Zeitalter des **Konfessionalismus** angelegte Pluralismus – das Nebeneinander verschiedener Sichtweisen und Interpretationen war jetzt der Normalfall und als solcher zu ertragen – erwies sich langfristig als Motor intellektueller Debatten und unterhöhlte ebenfalls die Deutungshoheit der einen katholischen Kirche.

Nachdem vieles, was das Mittelalter unhinterfragt für selbstverständlich gehalten hatte, hinfällig geworden war, nahm man die Dinge jetzt selbst in Augenschein und dachte geordnet und methodisch geregelt über sie nach. **Bildungs- und Forschungsreisen** lösten jetzt die Pilgerfahrten ab. An die Stelle der Theologie als Leitwissenschaft traten ab dem 17. Jahrhundert die Mathematik und gleich nach ihr die **Naturwissenschaften**. Die „Vermessung der Welt" (Daniel Kehlmann) nahm ihren Lauf.

Die Ausbreitung dieser und aller weiteren Gedanken wurde zudem begünstigt durch die **Intensivierung des Handels**. Diese brachte neben der Vergrößerung des Warenumschlages auch eine **Zunahme des Nachrichtenverkehrs** mit sich. Es entstanden auf diese Weise über den lokalen Bereich hinausreichende Kommunikationssysteme, in denen Gelehrte ganz Europas miteinander schriftlichen Kontakt hielten.

Hinzu kam schließlich ein weiterer Faktor, der erst in der jüngsten Zeit ins Zentrum der Aufmerksamkeit gerückt ist: Nach einem hochmittelalterlichen Temperaturoptimum sorgte ein Rückgang der Durchschnittstemperaturen ab dem 13. Jahrhundert für erschwerte Existenzbedingungen in Europa. Sie mündeten in die von extremen Naturphänomenen gekennzeichnete sogenannte **„Kleine Eiszeit"** in Europa von 1600–1800. Die Rationalisierung des Denkens, das Umstellen vom blinden Glauben auf nüchterne Vernunft, kann aus dieser Perspektive auch als notwendige Reaktion auf die erschwerten Lebensbedingungen angesehen werden.

Neue Staatsphilosophien

All diesen Entwicklungen gemeinsam ist die Grundfigur des **Zweifels**. Dieser Zweifel richtete sich zunächst negativ gegen die kirchliche Lehre und ihre Dogmen. Darunter fiel auch die göttliche Legitimation weltlicher Herrschaft. Seit dem 5. Jahrhundert n. Chr. gehörte es zu den Konstanten politischer Philosophie im römisch-katholisch geprägten Westeuropa, geistliche wie weltliche Herrschaft als gottgegeben anzusehen. Nach der sogenannten **Zwei-Schwerter-Lehre** waren **Papst** und **Kaiser** von Gott mit der Herrschaft in ihrem jeweiligen Zuständigkeitsbereich betraut worden. Die Trennungslinie war während des Mittelalters häufig umstritten gewesen und hatte zu den charakteristischen **Konflikten zwischen König- und Papsttum** geführt (z. B. im Investiturstreit). In der frühen Neuzeit hatten namhafte Staatstheoretiker die sakrale Legitimation des Fürsten zu einer Souveränitätslehre ausgeweitet.

Darstellung des „Leviathan" aus dem 17. Jahrhundert: Die in einem Staat versammelten Individuen bilden den Körper des unumschränkt herrschenden Souveräns.

Besonders französische Autoren wie Jean Bodin (1529 oder 1530–1596) oder Jacques Bénigne Bossuet (1627–1704) betonten die Mittlerfunktion des Königs und seine außerordentliche Stellung über seinen Untertanen. Diese entzog ihn aber zugleich der irdischen Gerichtsbarkeit und machte ihn, der als Stellvertreter Gottes auf Erden handelte, für seine Untertanen unangreifbar. Die Staatstheoretiker griffen damit die traditionelle westeuropäische Vorstellung des Gottesgnadentums auf und passten sie den zeitgenössischen Erfordernissen wie z. B. den konfessionellen Bürgerkriegen an.

Bereits im 17. Jahrhundert trat dem eine andere Theoriebildung gegenüber, die Staat und Herrschaft nicht nur von oben legitimierte, sondern das Phänomen der Herrschaft gewissermaßen von unten nach oben zu begründen versuchte. Unter dem Eindruck der Verfassungsdebatten in England, wo Parlament und Krone im 17. Jahrhundert um die Macht kämpften, waren es vor allem die Philosophen Thomas Hobbes (1588–1679) und John Locke (1632–1704), die die Grundlagen für die sogenannte **Vertragstheorie** legten.

Beide Philosophen ersetzten den Glauben an den göttlichen Auftrag des Herrschers durch den Versuch, die Entstehung von Herrschaft aus den Erfahrungen vergangener Epochen zu erklären. Sie entwickelten dazu die Vorstellung eines **Naturzustandes**, in dem alle Menschen als Individuen leben. **Thomas Hobbes** malte sich diesen als unerträglichen Zustand von Rechtlosigkeit und Gewalt aus, in dem niemand seines Lebens sicher sein könne. Locke zeichnete ihn nicht ganz so schrecklich, aber beider Ergebnis lautete, dass die Menschen eines Tages zur Sicherung von Leben und Existenz einen Entschluss gefasst hätten. Sie gaben alle ihre (Hobbes) oder zumindest einen Teil (Locke) ihrer persönlichen Freiheiten und ihrer **natürlichen** (d. h. von Natur aus gegebenen) **Rechte** an eine Instanz ab, deren Aufgabe es war, Ordnung zu schaffen und dem Einzelnen diejenigen Bedingungen zu garantieren, für die er als isoliertes Individuum nicht selber sorgen könne. Auf diese Weise, so lautete die Annahme, sei der Staat entstanden. Hobbes vertrat hierbei eine radikale Auffassung vom Egoismus des Menschen und er konstruierte daraus einen Staat, in dem ein monarchischer Souverän die absolute Macht besitzen müsse, um eine möglichst umfassende Kontrolle auszuüben. Jede Form von Staat, so befand Hobbes, sei besser als ein Leben im Naturzustand.

Langfristig folgenreicher war die vermittelnde Position **John Lockes**. Er skizzierte den Naturzustand weniger negativ und schrieb dem Individuum von vornherein schon die Pflicht zu, Leben, Freiheit und Eigentum des anderen zu respektieren. Von Beginn an sei das menschliche Zusammenleben insofern von Normen geprägt, die unabhängig von der sozialen Ordnung stets verbindlich seien, sodass auch jeder Staat an sie gebunden sei. Handelt der Staat gegen diese **unveräußerlichen Naturrechte**, so dürfen seine Bürger dagegen Widerstand leisten. Um dies zu verhindern, lehnte Locke die Staatsformen ab, in denen alle Macht in der Position eines einzelnen Herrschers vereinigt ist.

John Locke (1632–1704)

Mit der Trennung von gesetzgebender und ausführender Gewalt – hinzu kam eine dritte, föderative Gewalt, die für die Entscheidung über Krieg und Frieden zuständig sein sollte – legte er einen wichtigen Grundstein für das Modell der **Gewaltenteilung**, das in den folgenden Jahrhunderten zu einem Grundzug des freiheitlich-demokratischen Staatswesens weiterentwickelt werden sollte. Locke selbst machte die Staatsform jedoch nur von der Zustimmung einer Mehrheit der Bevölkerung abhängig, ohne sich auf die Demokratie festzulegen.

Weiterhin zentral für Locke ist die große Bedeutung des **Eigentumsbegriffs**. Erst dadurch, dass infolge steigenden Wettbewerbs dieses Naturrecht gefährdet sei und hieraus die Gefahr eines Krieges aller gegen alle entstehe, hätten sich die Menschen zum Zusammenschluss mittels eines **Gesellschaftsvertrages** entschieden. Deutlich wird hier, dass Lockes Interesse weniger als bei Hobbes dem Staat, sondern in höherem Maße einer **bürgerlichen Gesellschaft** galt, die in England und den Niederlanden zu seiner Zeit bereits erste Gestalt annahm. Erst durch den Gesellschaftsvertrag wird es dem Bürger als wirtschaftendem Subjekt möglich, seine individuelle Arbeitsleistung dauerhaft in Besitz umzuwandeln. Hier zeichneten sich bereits Ideen des späteren Liberalismus ab. Zugleich erwies sich die Vorstellung des Naturrechts als grundlegend für die Staatsphilosophie der Aufklärung. Die jedem Menschen zukommenden unveräußerlichen Rechte – wir finden sie noch heute in den Artikeln 1–20 des Grundgesetzes – waren für die Philosophie der Aufklärung unhintergehbar.

Entwarf John Locke erste Ansätze für die Vorstellung einer Gewaltenteilung, so geht die heute gebräuchliche Dreiteilung in legislative, exekutive und judikative Gewalt auf den französischen Philosophen **Charles de Montesquieu** (1689–1755) und sein Hauptwerk „Vom Geist der Gesetze" (1748) zurück. Montesquieu, immerhin zwei Generationen jünger als Locke, hatte die Werke seiner Vorgänger selbstverständlich intensiv studiert. Dennoch lässt er sich nicht dem Kreis der Vertragstheoretiker zuordnen, sondern seine Staatsphilosophie steht im Kontext der innerfranzösischen Konfliktlinien des 18. Jahrhunderts. Ihr besonderes Verdienst besteht darin, dass er darin auch die Bedingungen für den Staatsaufbau untersuchte und zu dem Ergebnis gelangte, dass es die allgemeingültige beste Verfassung angesichts vorhandener natürlicher und kultureller Unterschiede nicht geben könne. Montesquieu war selbst Angehöriger des Adels und kritisierte als solcher sowohl den Absolutismus unter Ludwig XIV., den er einen **Despotismus** nannte, als auch alle Ansätze einer als „Pöbelherrschaft“ denunzierten Volksherrschaft. Daher favorisierte er eine **Repräsentativverfassung**, in der die staatlichen Aufgaben nicht vom Volk direkt, sondern durch Vertreter der besitzenden Klasse wahrgenommen würden.

Charles de Montesquieu (1689–1755)

Montesquieus Konzept der Gewaltenteilung zielte also nicht darauf ab, dass möglichst alle Bürger Anteil an den staatlichen Entscheidungen haben; er dachte den Staat durchaus von oben her und entwarf die drei Gewalten als einander kontrollierende Instanzen mit dem Ziel, die Regierung zu verbessern. Unsere heutige Vorstellung vom Rechtsstaat mit seiner Rechtsgleichheit für jedes Individuum bzw. jeden Staatsbürger war ihm noch fremd. Am Adelsprivileg hielt er faktisch fest. Dies verschaffte ihm bei den Aufklärern des 18. Jahrhunderts ein zwiespältiges Echo.

Jean-Jacques Rousseau (1712–1778)

Als Letzter und Jüngster im Bunde legte **Jean-Jacques Rousseau** (1712–1778) eine wesentliche Grundlage für das Staatsdenken der Aufklärung und die Französische Revolution. In seinem Werk „Vom Gesellschaftsvertrag oder Prinzipien des Staatsrechts“ von 1762 nahm er wiederum ausdrücklich Bezug auf die alte Vertragstheorie; sie führte ihn jedoch zu ganz anderen Ergebnissen, was den Staatsaufbau anbelangte. Grundlage seiner Überlegungen war eine fundamentale **Zivilisationskritik**, die er in früheren Schriften niedergelegt hatte und die bei ihm zu einer **positiven Umwertung des Naturzustandes** geführt hatte. Alle negativen Eigenschaften der Menschen seien erst durch das soziale Zusammenleben entstanden und hätten dann zur Einsetzung einer staatlichen Autorität geführt, die den Frieden garantiere. Da Rousseau den Naturzustand als nicht wiederherstellbar ansah, suchte er nach der bestmöglichen Gestaltung der bestehenden Gesellschaft, die er vor allem von der Ungleichheit zwischen Arm und Reich gekennzeichnet sah. Bedingung für den guten Staat ist nach Rousseau, dass der Einzelne seine Freiheit im

Staat vollständig behält, d. h., dass er nur seinem eigenen Willen gehorchen muss. Rousseau forderte also eine Identität von staatlichen und Einzelinteressen. Dieser Gedanke ist nach dem heutigen Verständnis, das stark den Kompromisscharakter politischer Entscheidungen betont, praktisch nicht realisierbar.

Um diesen Gedanken aufrechterhalten zu können, behalf sich Rousseau mit der Konstruktion eines **Allgemeinen Willens** (volonté générale). Dieser Allgemeine Wille entsprach dem objektiven Interesse der im Staat versammelten und ihn bildenden Individuen. Sofern diese frei von Zwang und Gruppeninteresse entscheiden könnten, entspreche er ihrem politischen Willen. Jede Beratung, die unter idealen Bedingungen durchgeführt werde, fördere den Allgemeinen Willen zutage. Da dies in der Gegenwart jedoch häufig nicht der Fall sei, könne es passieren, dass in der Versammlung der **Wille der Mehrheit** (volonté de tous) vom Allgemeinen Willen abweiche.

Im Konfliktfall darf der Staat nach Rousseau den Allgemeinen Willen unter Zwang durchsetzen, was ihm dadurch ermöglicht wird, dass die Individuen ihre natürlichen Rechte zur Bewahrung ihrer Freiheit zuvor vollständig an den Staat abgetreten haben. Der Einzelne wird im Staat also zum Teil des Souveräns und des von ihm formulierten allgemeinen Willens. Dieser entspricht vielleicht nicht dem, was das Individuum für sich selbst wünscht. Da der Allgemeine Wille aber das Allgemeinwohl herbeiführt, wirkt er mittelbar auch auf das Glück des Einzelnen zurück und ist daher auch für ihn verbindlich und optimal. Was Freiheit ist und wie sie sich für den Einzelnen darstellt, das steht in Rousseaus Staat also nicht mehr im Belieben des Einzelnen, sondern es wird vom Staat verbindlich definiert. Wie genau der allgemeine Wille allerdings ermittelt wird – und das heißt vor allem: wer ihn festlegt –, darüber ließ Rousseau seine Leser im Dunkeln.

Es ist diese charakteristische Leerstelle seiner Theorie, die Rousseaus Staatsphilosophie ebenso umstritten wie wirkungsmächtig sein lässt. Ihre praktische Füllung in Gestalt der *Terreur* in der dritten Phase der Revolution oder des demokratischen Zentralismus im Marxismus-Leninismus hat viel Leid über die Welt gebracht und gewiss nicht zum verfassungsrechtlichen Optimum maximaler Freiheit, sondern zu Schreckensherrschaft, Bevormundung und Diktatur durch eine Minderheit geführt.

Angesichts dieser langen Schatten sind seine sehr konkreten Vorstellungen von einer direkten Demokratie ohne Repräsentativverfassung und Gewaltenteilung fast in Vergessenheit geraten. Diese Form plebiszitärer Demokratie, die der gebürtige Genfer Bürger Rousseau nach Schweizer Vorbild konzipiert hatte, war radikaler gedacht als alles, was andere Staatsphilosophen zu dieser

Zeit veröffentlicht hatten. Technisch realisierbar ist sie freilich am besten in kleinen Gemeinwesen, z. B. in Kommunen.

Beschäftigt man sich mit den Lehren der genannten Staatsphilosophen, so ist zu bedenken, dass es für sie **kaum Erfahrungswerte** gab, sondern dass all das, was für unsere heutige Demokratie einerseits grundlegend ist, andererseits aber auch kurios anmutet, nur in begrenztem Maße auf der Grundlage vorhandener Einrichtungen entwickelt wurde.

Kapitalisierung

Das **Reizwort Kapitalismus** bietet in der Gegenwart Anlass für heftige Kontroversen, in denen sich flammende Befürworter und entschiedene Kritiker gegenüberstehen. Der Begriff bezeichnet eine Wirtschaftsform, die von einigen wenigen Grundannahmen geprägt ist: Das Wirtschaftsgeschehen vollzieht sich auf Märkten, auf denen autonome, in eigener Verantwortung handelnde Subjekte mit dem Ziel der Gewinnmaximierung tätig sind; die Märkte folgen dem Spiel von Angebot und Nachfrage und werden von einer „unsichtbaren Hand" (Adam Smith) gelenkt, d. h., sie regulieren sich weitgehend selbst. Kritiker haben dieser **liberalen Wirtschaftsauffassung** schnell die Beobachtung hinzugefügt, dass auf diesen Märkten in der Regel kein freies Spiel der Kräfte stattfindet, weil die Besitzer von Produktionsmitteln (Boden, Arbeit, Kapital) gewaltige Vorteile gegenüber der großen Masse der Bevölkerung haben, die diese Produktionsmittel nicht besitzt und daher von der besitzenden Schicht abhängig ist. Diese Abhängigkeit bestehe darin, dass die abhängige Arbeit der Besitzlosen nur unzureichend entlohnt werde, da die Besitzer der Produktionsmittel, die Kapitalisten, einen Großteil des Gewinns der Armen für sich abschöpften. Insofern enthält das Stichwort Kapitalismus über seine neutrale Definition hinaus heute in der Regel eine kritische Bedeutungskomponente.

In diesen Kontroversen spiegelt sich der Geist des 19. Jahrhunderts, d. h. die Debatten im Umfeld der Industrialisierung und ihrer tiefgreifenden gesellschaftlichen Umbrüche, wider.

Für das 18. Jahrhundert gilt es, die Anfänge der Entwicklung von der Agrargesellschaft hin zum Kapitalismus nachzuvollziehen; daher ist dieser Abschnitt mit „Kapitalisierung" überschrieben.

Nachdem die Bevölkerung im 17. Jahrhundert, vor allem infolge der Katastrophe des Dreißigjährigen Krieges, stark zurückgegangen war, war das 18. Jahrhundert von einem stetigen **Bevölkerungsanstieg** gekennzeichnet. Dies war vermutlich auf den Rückgang der kriegerischen Auseinandersetzungen, sowie, damit verbunden, auf das Ausbleiben großer Seuchen und Epidemien zurückzuführen. Für die vorherrschende Agrargesellschaft mit ihren geringen Überschüssen stellte dies eine große Herausforderung dar und führte langfristig zu einem Ansteigen der Getreidepreise aufgrund der gestiegenen Nachfrage.

In der Landwirtschaft machte dies eine **Produktionssteigerung** notwendig, zumal die Ausdehnung der gewerblichen Wirtschaft das Verhältnis der in der Landwirtschaft tätigen Bevölkerung zur Gesamtbevölkerung zulasten der ersteren verschob. Wie schon in früheren Zeiten löste man dies zunächst durch die Erschließung neuen Landes sowie durch eine Verbesserung der Fruchtfolge. Infolge dieser Zwänge machte sich jetzt aber auch der nüchtern aufklärerische Geist erstmals faktisch geltend: An die Stelle der alten Subsistenzwirtschaft trat eine verstärkt **marktökonomische Ausrichtung** der Landwirtschaft. Gemeint ist damit das aufkommende Bewusstsein, für einen Markt zu produzieren und dessen Nachfrage zu bedienen, wo zuvor die Selbstversorgung im Vordergrund gestanden hatte und lediglich die geringen Überschüsse in den Handelskreislauf eingespeist worden waren. Marktgerechte Produktionssteigerung stand daher jetzt im Vordergrund und sie führte zunächst zur **Spezialisierung** der Landwirtschaft. Bauern entschieden sich, entsprechend den (klimatischen, geografischen) Produktionsbedingungen diejenige Feldfrucht anzubauen, die auf ihrem Land am besten gedieh. Wo sie an dieser Stelle einerseits einen höheren Gewinn erzielen konnten, waren sie andererseits wiederum selbst vom Markt abhängig, der sie mit den nun nicht mehr selbst produzierten Gütern versorgen musste.

Dieses Vorgehen folgte einem rationalen Kalkül und erscheint aus moderner Sicht überaus plausibel. Besonders in Frankreich traf es jedoch auf eine grundherrschaftlich geprägte alteuropäische Agrargesellschaft und es beförderte ihren Umbau. Im einfachsten Falle ließen die adligen Grundherren die feudalen Strukturen unverändert und praktizierten die neue Maxime der Gewinnorientierung so, dass sie die Erhebung von Abgaben rationalisierten. Hierbei griffen sie gegebenenfalls auch auf alte, fast vergessene Rechtstitel zurück. Für die bäuerliche Bevölkerung war dies ein Akt der Willkür und sorgte neben steigender Armut für eine beträchtliche Unruhe.

Tiefgreifender, allerdings in Frankreich weniger verbreitet, war der Versuch der Grundherren, die grundherrschaftlichen Abhängigkeitsverhältnisse ihrerseits zu kapitalisieren. Die Auflösung des Grundherrschaftsverbandes entband den Grundherrn von seiner Schutzverpflichtung im Krisenfall und ermöglichte ihm die effizientere eigene Nutzung des an ihn zurückgefallenen Landes. Hierfür konnte er dann nach Bedarf die nunmehr landlose Bevölkerung als Tagelöhner einstellen und sie ausschließlich nach Arbeitsaufkommen entlohnen.

Generell trug der sogenannte **Agrarkapitalismus** dazu bei, dass sich die alten Strukturen der Subsistenzwirtschaft aufzulösen begannen und eine Schicht besitzloser Tagelöhner, ein landloses Proletariat, entstand. Freiheit auf dem Lande war selten gleichbedeutend mit der Verbesserung der Lebenssituation.

In dem Maße, in dem die Landwirtschaft als vollwertige ökonomische Gewinnquelle anerkannt wurde, gingen auch reiche Bürger dazu über, sich als Landwirte zu versuchen oder zumindest Eigentum an Boden zu erwerben, um Einkünfte aus der anfallenden Grundrente zu erzielen. Die vormals exklusive Tätigkeit des Adels wurde auf diese Weise langsam, aber zielstrebig vom Dritten Stand unterwandert.

Städtische Kultur der Aufklärung

Wie erwähnt spielte sich die Aufklärung im engeren Sinne in den Städten ab. Hier trafen sich aufgeklärte Bürger in sogenannten **Salons** zu Nachmittags- oder Abendgesellschaften, Veranstaltungen des freigeistigen **Meinungsaustausches**, der gemeinsamen Lektüre oder anderer kultureller Aktivitäten.

Lesung einer Tragödie von Voltaire im Salon der Madame Geoffrin (1755); Ölgemälde von Anicet-Charles-Gabriel Lemmonier, 1812.

Ebenso kennzeichnend wie neu für diese Form privater Geselligkeit waren mehrere Aspekte: Das verbindende Interesse an den gemeinsamen Themen der Aufklärung ließ erstens Adel, Klerus und Bürgertum vielfach ohne Berührungsängste aufeinandertreffen. Die **Ständeschranken** wurden damit innerhalb dieser besonderen Situation **vorübergehend aufgehoben**. Dass solche Gesellschaften überhaupt in dieser Form zustande kamen, kann zweitens als Zeichen **wachsenden Wohlstandes** und, damit einhergehend, auch zunehmender Freizeit verstanden werden. Drittens konnten auch **Frauen** in dieser Welt ihren Platz beanspruchen und traten als gleichberechtigte Konversationspartnerinnen in Erscheinung. Vielfach fungierten sie als Gastgeberinnen. Da durchweg Gebildete aufeinandertrafen, blieben Salons keine lokalen Phänomene, sondern es entfaltete sich viertens auf dem Wege schriftlicher Korrespondenz ein **europaweiter Diskursraum**. Von der Bürokratie des absolutistischen Staates wurden diese Phänomene kritisch beäugt; sie zu unterbinden bestand jedoch wenig Anlass, da aus ihnen zunächst kein konkreter politischer Widerstand erwuchs.

Kein anderer vertrat und repräsentierte die Gesamtheit der Ideen und Gedanken der Aufklärung so wie der französische Philosoph **Voltaire** (1694–1778). Stilistisch geschliffen und oft mit einer gehörigen Portion Witz und Ironie nahm er die Missstände seiner Zeit aufs Korn. Er kritisierte Aberglauben, Fanatismus und Intoleranz, brandmarkte Rechtswillkür und plädierte für die Abschaffung der Zensur, für Meinungsfreiheit, Verwissenschaftlichung des Denkens, die Humanisierung des Strafrechts und ein Ende religiöser Dogmen. Gegenüber dem Absolutismus äußerte er sich kritisch und forderte die Trennung von geistlicher und weltlicher Macht. Als Deist sah er die Existenz Gottes so weit als gegeben an, wie sie sich rein aus Vernunftgründen ableiten ließ. Wie andere Aufklärer hielt er sie aufgrund der erkennbaren Ordnung des Kosmos für unbestreitbar, lehnte es aber ab, den Menschen deshalb von der Verantwortung für sein Handeln freizusprechen. Der **Deismus** reduzierte die Rolle Gottes insofern auf die eines Schöpfergottes, dessen Welt fortan nach eigenständigen Gesetzen funktionierte und ohne sein übernatürliches Eingreifen auskam.

Voltaire (1694–1778)

Voltaires philosophisches Werk besteht überwiegend aus kleineren Aufsätzen und Artikeln. In seiner **Geschichtsphilosophie** unter dem Titel „Essai sur les Mœurs et l'Esprit des Nations“ von 1756 schlug er erstmals den Weg eines Vergleichs der europäischen mit einer außereuropäischen Kultur ein und stellte fest, dass die chinesische, nicht-christliche Zivilisation der europäischen überlegen sei. Dieser **Kulturrelativismus** überwand die Vorstellung einer christlichen Heilsgeschichte und göttlichen Vorsehung, die Bossuet (s. o. S. 10) noch zur Legitimation des absoluten Monarchen benötigt hatte. Stattdessen beurteilte Voltaire den Stand einer Kultur ausschließlich am Maßstab der Vernunft. Sinn der Geschichte war für ihn die innerweltliche Verbesserung der menschlichen Lebensverhältnisse. Das Ziel war nicht mehr festgelegt, sondern offen und so auch von Rückschlägen bedroht. War der Abschluss christlicher Heilsgeschichte – das Ende der Welt im Jüngsten Gericht – geoffenbart, so konnte nun jeder Einzelne aktiv am Fortschritt mitwirken.

Befördert wurde die Abkehr von der Vorstellung einer christlichen Heilsgeschichte vor allem durch die Erfahrung des **Erdbebens von Lissabon** im November 1755. Der Tod tausender, offenkundig unschuldiger Menschen ließ sich mithilfe der gängigen Deutungsmuster sündenökonomischen Denkens nicht mehr begreifen, der göttliche Heilsplan wurde mehr denn je in Zweifel gezogen, die Frage nach der **Theodizee**, der Rechtfertigung Gottes angesichts des Übels in der Welt, wurde mit bisher nicht gekannter Dringlichkeit gestellt.

Zeitgenössische Darstellung des Erdbebens von Lissabon 1755.

Ihr intellektuelles Zentrum fand die Aufklärung der städtischen Eliten in einem Buchprojekt, das bis heute als epochemachend gilt. Seit 1751 erschien in Frankreich die sogenannte **Encyclopédie**, die 1780 mit dem 35. und letzten Band abgeschlossen wurde. Es handelte sich um die erste Enzyklopädie der Weltgeschichte und sie hatte zum Ziel, das gesamte verfügbare Wissen ihrer Zeit zu sammeln. Namhafte Aufklärer wie Denis **Diderot** (1713–1784) oder Jean Le Rond **d'Alembert** (1717–1783) gehörten zu ihren Bearbeitern. Kennzeichnend für den Umfang ihrer 60 000 Artikel ist die Ausdehnung auf das gesamte **Weltwissen** und somit die Erweiterung bloßen Gelehrtenwissens um die praktischen Wissenschaften, Techniken und Handwerke. Auf diese Weise erhält der heutige Leser einen faszinierenden Überblick über den Stand all dieser Bereiche in der zweiten Hälfte des 18. Jahrhunderts, der zusätzlich durch zahlreiche Kupferstiche illustriert ist. Von geistesgeschichtlichem Interesse – und für die politische Entwicklung langfristig folgenreicher – waren hingegen die Artikel zu philosophischen Begriffen, die damals im Umbruch waren und durch die Aufklärung neu definiert wurden.

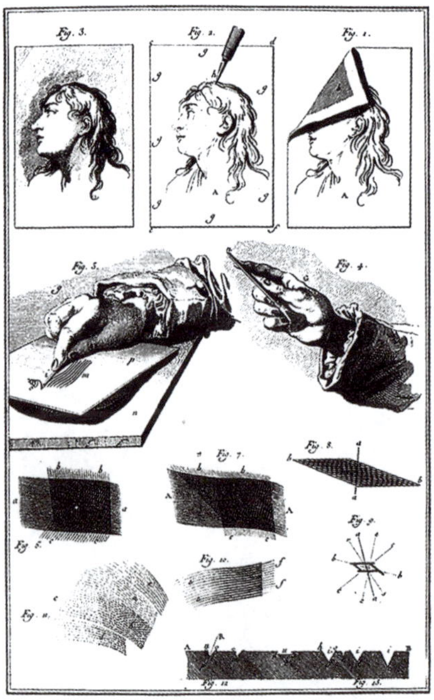

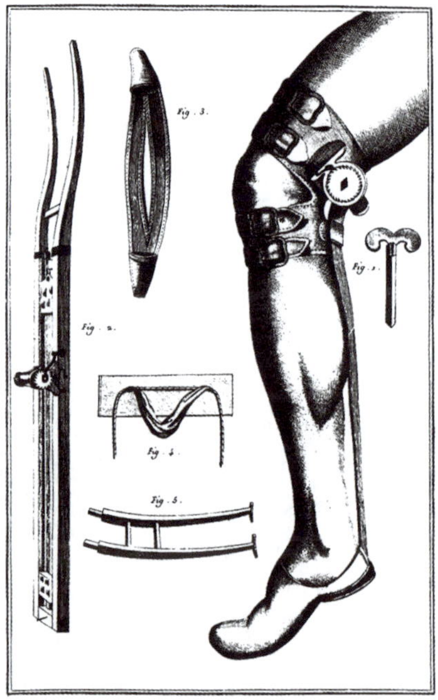

Die Kupferstichtafeln der Encyclopédie sind eindrucksvolle Zeugnisse des Wissensstandes des 18. Jahrhunderts. Links wird die Kupferstichtechnik dargestellt, rechts sieht man eine der zahlreichen Tafeln zur Chirurgie.

Die Krise des Ancien Régime

In den vorangegangenen Kapiteln wurden langfristige Strukturvoraussetzungen der Französischen Revolution beschrieben, die in ihrer Allgemeinheit tendenziell auf ganz Europa zutrafen. Je mehr man sich dem Ausbruch der eigentlichen Revolution nähert, desto konkreter müssen jetzt die Zustände in Frankreich im 18. Jahrhundert dargestellt werden. In der Begrifflichkeit der Revolution spricht man von der vorrevolutionären französischen Monarchie als vom **Ancien Régime**. Dieser Begriff wird auch von deutschen Historikern wörtlich übernommen. Wichtig ist dabei die aus der zeitgenössischen Wahrnehmung resultierende Bedeutungskomponente des **Veralteten** und **Überholten**.

Das Bild eines idealen Absolutismus unter Ludwig XIV.

Aus dem Geschichtsunterricht der Mittelstufe dürfte hier zuallererst der Absolutismus Ludwigs XIV. (Regierungszeit 1661–1715) vor Augen stehen. Als beispielgebendes Vorbild steht der „**Sonnenkönig**" (*roi soleil*) für jene Phase frühneuzeitlicher Staatlichkeit, die in einer vereinfachenden Perspektive als bewusster Kontrapunkt gegen die Vielgestaltigkeit des mittelalterlichen Feudalismus wahrgenommen wurde. Die Schaffung eines Staates, der von einem einheitlichen, zentralen Willen gelenkt und geformt wurde, schien Ordnung in das Chaos zu bringen. Der Monarch tritt endlich so auf, wie man sich einen „richtigen" König vorstellte: als unumschränkter Herrscher über seine Untertanen. Vieles Neue dieser Zeit schien das Urteil über Ludwig XIV. zu bestätigen: Das **stehende Heer**, das immer einsatzbereit war und nicht mehr eigens aus dem Kreis der Vasallen einberufen werden musste, der Ausbau einer **Verwaltung**, welche die Herrscherinteressen und -befehle in der Fläche durchsetzte, ohne dass der König selber vor Ort sein musste, die Schaffung des **Rechtswesens** und der **Justiz**, mit der der König als oberster Gerichtsherr auch im letzten Winkel seines Reiches mittelbar präsent war, eine staatlich gelenkte **Wirtschafts- und Finanzpolitik**, welche die nötigen Geldmittel zur Erhaltung des Staatsapparates schaffte, und nicht zuletzt die aufwendige **höfische Prachtentfaltung**, die sowohl zur Darstellung der dynastischen Macht als auch zur Domestizierung des Hochadels diente, – all das schien den Wechsel in Theorie und Praxis der Staatskunst eindrucksvoll zu belegen. Den Absolutismus glaubt jeder zu verstehen, weil er letztlich das Bekannte enthält: Einer herrscht unumschränkt, alle anderen gehorchen.

Strukturelle Schwächen des Absolutismus

Man erahnt an dieser Stelle schon, dass die Geschichtswissenschaft hier erheblichen Differenzierungsbedarf angemeldet hat. Der Prunk des um den Monarchen inszenierten Hoflebens in Versailles darf nicht darüber hinwegtäuschen, dass das Idealbild des französischen Absolutismus in der Realität so nie bestanden hat, weil der alte **Antagonismus** von zentraler **Königsherrschaft** und föderalem Gegengewicht des **Adels** zwar stark zu dessen Seite verschoben, insgesamt aber eben doch nicht völlig aufgehoben war.

Pierre Patel: Ansicht des Schlosses Versailles, 1668.

Immerhin – und das unterscheidet die französische Geschichte z. B. von der deutschen – waren die französischen Könige seit dem Hochmittelalter recht erfolgreich beim Einsammeln von **Herrschaftsrechten** gewesen. Diese festigten sie beizeiten durch eine unterstützende moderne Verwaltungspraxis. Dennoch gab es zu jeder Zeit erhebliche Widerstände in Gestalt **mächtiger Adelsgeschlechter**, die sich der Tendenz zur Zentralisierung der Herrschaft mehr oder weniger erfolgreich widersetzten. An Nährboden gewannen die Auseinandersetzungen innerhalb des Adels durch die Glaubensspaltung infolge der Reformation. Man kann sagen, dass sich **konfessionelle Spaltung** und Interessenkonflikte innerhalb des Adels wechselseitig verstärkten und dass sie das gesamte 16. Jahrhundert in Frankreich zu einem Jahrhundert der Religionskriege zwischen Katholiken und **Hugenotten**, den französischen Protestanten, werden ließen. Hiervon profitierte nun wiederum die Königsherrschaft, die als einzige überparteiliche Ordnungsmacht den Frieden langfristig garantieren konnte. Die regelmäßig wiederkehrenden **Aufstände des Adels**, in Frankreich **Fronde** (Sgl.) genannt, prägten noch die Jugend Ludwigs XIV. Die Fronde von 1648–1653 war für den jungen Monarchen eine Schlüsselerfahrung. Die in Kindheit und Jugend erlebte Gefährdung der Monarchie ließ ihn auf Abhilfe sinnen.

Es gelang Ludwig XIV., den Einfluss der verbliebenen Organe ständischer Repräsentation und Partizipation weiter zurückzudrängen. Die **Generalstände**, eine Versammlung aus Abgeordneten aller drei Stände, waren bereits seit 1614 nicht mehr einberufen worden. Aber auch die **Parlamente** *(parlements)*, über das Land verteilte Kollegialorgane des Adels, die königliche Gesetze überprüften, sie registrierten und ihnen bisweilen auch die Zustimmung verweigerten, konnte Ludwig weitgehend entmachten. Diese Maßnahmen waren jedoch nicht auf Dauer ausgelegt. Denn sowohl die zahlreichen Kriege, die Frankreich unter Ludwig zum Zwecke des Territorialerwerbs führte, als auch die verschwenderische Hofhaltung in Versailles führten am Ende der langen Herrschaft Ludwigs zu einer **chronischen Unterfinanzierung** des Staatshaushalts. Diese sollte das gesamte 18. Jahrhundert prägen und würde einer der langfristigen Gründe für den Niedergang des Ancien Régime sein.

Wie kam es dazu, dass Frankreich, das reich an Bevölkerung und von der Natur begünstigt war, im Laufe des 16. und 17. Jahrhunderts insbesondere gegenüber dem ewigen Konkurrenten England an Macht verlor? Als maßgeblich hierfür werden neben den zahlreichen Kriegen und damit einhergehenden Bevölkerungs- und Wohlstandseinbußen vor allem zwei Gründe genannt, die bereits erste Zweifel am Bild eines intakten absolutistischen Staates aufkommen lassen:

Zum einen ist es den französischen Königen bis zum Ende des Ancien Régime nicht gelungen, Frankreich in ein einheitliches Wirtschaftsgebiet umzuwandeln. **Binnenzölle** und **Handelsgrenzen** hemmten die französische Wirtschaft und ließen sie im Vergleich mit England zurückbleiben. Dies konnte unter anderem dazu führen, dass im Falle von regional begrenzten Missernten ein flexibler Warentransfer unterblieb.

Zum anderen war die hochgepriesene Verwaltung Frankreichs zwar von königlichen Beamten (**Intendanten**) geprägt, die allein dem König verantwortlich waren und dessen Befehle auch in der Provinz ausführten; das **System der**

Steuereinnahmen hingegen war und blieb rückständig. Von alters her war es bestimmt durch die Praxis des **Ämterkaufs**. Der Staat bezog seine Einnahmen also nicht direkt aus den Steuern der Bevölkerung, sondern er erhielt sie von Mittelsmännern, die das Recht, bestimmte Steuern in einem Gebiet zu erheben, käuflich erwarben. Sie finanzierten also einen Geldbetrag vor und konnten im Gegenzug über die tatsächlich eingeforderten Steuergelder privat verfügen. Dies war für den Staat ein schlechtes Geschäft, zumal diese Ämter seit dem Beginn des 17. Jahrhunderts auch noch (gegen eine abermalige Gebühr) erblich waren. Auf diese Weise gelangte nur ein Bruchteil der aufgebrachten Steuerleistung tatsächlich in die Staatskasse. Andererseits band diese attraktive Einkommensquelle zunächst den Unternehmergeist des aufstrebenden Bürgertums, da besonders in Zeiten verschärfter Finanznot ständig neue Hofämter geschaffen wurden. Anstatt sich dem ökonomisch-technischen Fortschritt zu verschreiben, strebte man die Steuerpacht an und erhielt damit die Aussicht auf ein Adelsprädikat und sozialen Aufstieg. Wo daher zeitgleich die englische Gesellschaft seit 1760 den Weg in Richtung einer kapitalistisch-industriellen Modernisierung einschlug, erlag die bürgerliche Elite in Frankreich häufig den Versuchungen einer – vergleichsweise bequemen – Beamtenexistenz.

Der König förderte allerdings den Aufstieg des reichen Bürgertums in den Zweiten Stand. Denn der entstehende **Amtsadel** war untereinander weniger vernetzt und daher geeignet, im Falle eines Aufbegehrens der alten **Schwertadelsfamilien** ein loyales Gegengewicht auf Seiten des Königs zu bilden. Auf jeden Fall war am Ende des Ancien Régime der Beamtenapparat hoffnungslos aufgebläht; die Privatisierung der Steuererhebung sorgte für Korruption in Hülle und Fülle, und sie führte eben nicht zu einer vereinheitlichten Praxis, sondern zu einem extremen regionalen Gefälle bei der Höhe der Steuer- und Abgabenlast.

Die Zuspitzung der Krise am Ende des 18. Jahrhunderts

Um die Dynamik, die zur revolutionären Eskalation des Jahres 1789 führt, zu verstehen, müssen wir praktisch alles bisher Beschriebene vor Augen haben. Denn es sind überaus komplexe Phänomene, die hier in einem „Knotenpunkt simultaner Bewegungen“ (François Furet) zusammentreffen. Vorauszuschicken ist bereits an dieser Stelle die heute weitgehend akzeptierte These Furets/Richets von den **drei Revolutionen**, die „teleskopartig“ ineinandergeschoben abliefen und die drei Trägerschichten des Revolutionsgeschehens nennt: die **aufgeklärten Eliten** in Gestalt der Deputierten des Dritten Standes in Versailles, die **städtische Bevölkerung** und die **Landbevölkerung**. Das Merkwürdige an der Vorphase der Revolution von 1789 besteht aber vor allem darin, dass es die Aristokratie selbst war, die das Startsignal für eine Entwicklung gab, der sie binnen weniger Jahre zum Opfer fallen sollte.

Wie gesehen bot der **Zweite Stand** ein denkbar uneinheitliches Bild. Die Trennung von Schwert- und Amtsadel und damit verbunden die unterschiedlichen Einkunftsquellen (Grundherrschaft, königliche Ämter) machten die Aufrechterhaltung eines Korpsgeistes schwierig. Hinzu kam, dass der am Hofe versammelte Hochadel sich zunehmend vom ärmeren Landadel distanzierte und abkapselte. Bereits frühzeitig hatte der Schwertadel den Zuwachs durch den neu nobilitierten Amtsadel aufzuhalten versucht. Für aufstiegswilllige Bürger war der vorgezeichnete Weg bereits in der ersten Hälfte des 18. Jahrhunderts erschwert worden. Ab 1781 etwa durften nur noch Angehörige des alten Adels einflussreiche Offiziersstellen im Heer bekleiden. Dies sorgte zwar einerseits für Unzufriedenheit, beförderte andererseits aber den weiteren Aufstieg des Bürgertums, das sein Heil nun doch verstärkt im eigenen ökonomischen Erfolg suchte.

Langfristig bedeutsam für die Genese der Revolution ist allerdings das Wiederaufflammen des adligen Widerstandes gegen den Absolutismus bald nach dem Tod Ludwigs XIV. im Jahre 1715. Die Opposition erstarkte unter dem Druck einer notwendigen Finanzreform des Staates und fand ihren Austragungsort in den Parlamenten, in denen sich eine neue, fachlich exzellent ausgebildete Juristenelite reicher Herkunft dauerhaft etabliert hatte; diese hatte ihre Ämter gekauft und erblich gemacht. Sie stellte sich nun königlichen Gesetzen in den Weg und drängte auf Ausgleich zwischen Adel und Krone.

Zwei Wirtschaftstheorien: Merkantilismus und Physiokraten

Mit dem **Merkantilismus** oder **Colbertismus** hatte der französische Absolutismus eine Wirtschaftslehre hervorgebracht, die dem staatlichen ökonomischen Handeln erstmals eine geschlossene Theorie zugrunde legte. Ziel des Merkantilismus war die Stärkung der eigenen Volkswirtschaft im Vergleich zu der anderer Staaten. Ihnen gegenüber, so dachte man, sei ein weitreichender, über das Feld der Wirtschaft hinausgehender politischer Vorteil dadurch zu erreichen, dass die Summe eigener Exporte die der Importe übertreffe und auf diese Weise eine **aktive Handelsbilanz** erzielt werde. Das Hauptaugenmerk der Ökonomen lag insofern auf dem Außenhandel. Faktisch bedeutete dies, dass die staatliche Wirtschaftspolitik die Voraussetzungen dafür schaffen musste, dass mehr Geld in das eigene Land hereinfloss als hinaus. Maßnahmen hierfür waren die Begünstigung der Rohstoffeinfuhr aus den (eigenen) Kolonien, andererseits die Errichtung hoher Zollschranken für die Einfuhr von Fertigwaren. Umgekehrt förderte der französische Staat die Errichtung und den Ausbau von **Manufakturen** zur Herstellung qualitativ hochwertiger Fertigwaren, die im Ausland Absatz finden würden. Auf diese Weise sollte französisches Know-how zum Exportschlager werden, französische Arbeitskraft im Außenhandel in klingende Münze umgewandelt werden. Dergleichen ließ sich nur mit einem hohen Maß an **staatlichem Dirigismus** durchsetzen.

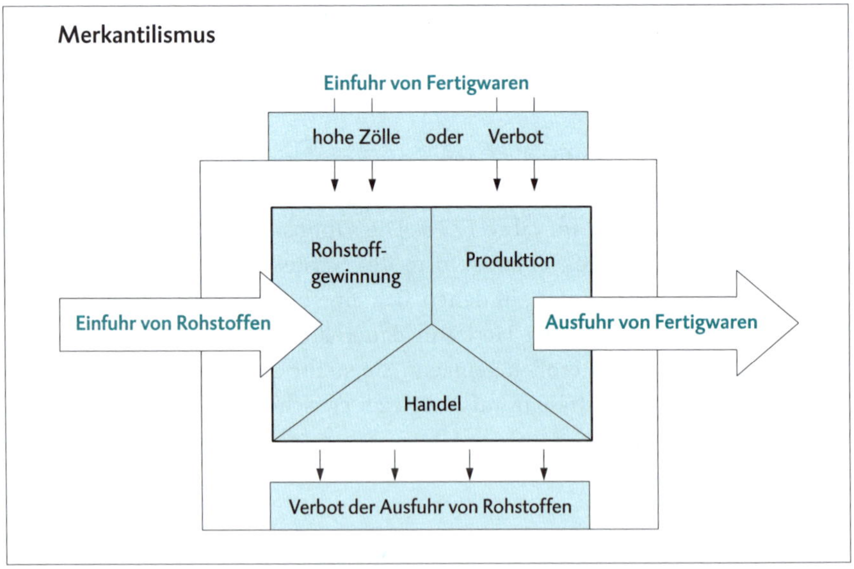

Man kann im Merkantilismus das neue Selbstbewusstsein des innerlich gefestigten, territorial klar umgrenzten **Fürstenstaates** erkennen. Dieser Staat definierte seine Interessen vorrangig außenpolitisch, in der Abgrenzung und im Übertreffen anderer, konkurrierender Staaten. Seine neu gewonnene Disziplinierungskraft nutzte er nach innen, indem er die Wirtschaft zu diesem Zweck reorganisierte.

Der Merkantilismus war einer der ersten Versuche, eine volkswirtschaftliche Theorie aufzustellen. Aus naheliegenden Gründen war er wenig erfolgreich, denn sobald die anderen europäischen Staaten die gleiche Linie vertraten, entstand in erster Linie ein Geflecht wechselseitiger Handelsbarrieren.

Es gehört zu den Reflexen des neuen Weltverständnisses der Aufklärung, dass ab der Mitte des 18. Jahrhunderts, einer Epoche, in der angesichts der wachsenden Finanznot des französischen Staates die außenpolitischen Ambitionen ohnehin begrenzt waren, ein theoretischer Perspektivwechsel stattfand. In Frankreich wandte sich die Schule der **Physiokraten** ganz neuen Überlegungen zu: Für sie spiegelte sich auch in der Wirtschaftsverfassung das Naturrecht wider, d. h. die natürliche Ordnung musste ihren Widerhall auch in der Wirtschaftstheorie finden. Konkret bedeutete dies für den Staat, dass er die Bedingungen für eine natürliche Entfaltung der Wirtschaft schaffen musste, d. h. zum Beispiel für eine angemessene Infrastruktur zu sorgen hatte. Schon im Sinne des späteren Liberalismus vertraute man hier den Kräften einer **Selbstregulation**; Aufgabe des Staates sei daher nur, die freie Entfaltung der natürlichen Ordnung zu ermöglichen: *„Laissez faire, laissez passer; le monde va de lui-même"* war daher ein Leitgedanke der Physiokraten.

An die Stelle des Handels trat für die Physiokraten der **Boden** in den Mittelpunkt der Überlegungen. Die Landwirtschaft stellte man sich als den **einzigen produktiven Faktor** in der Wirtschaft vor. Daher richteten sich die Blicke der Physiokraten erstmals auch genauer auf den Agrarsektor, von dessen Liberalisierung man sich einen Zuwachs an Wohlstand erhoffte. Denn nur wenn eine von allen Zwängen befreite Landwirtschaft Produktionsüberschüsse erzielte, sei eine weitere Industrialisierung des Staates überhaupt möglich.

Wichtiger als die bloße Kenntnis der physiokratischen Wirtschaftstheorie sind ihre mittelbaren Folgen für die französische Gesellschaft. Sie bestanden zum einen im **Aufleben** stärker **marktorientierten Denkens** zulasten der alten feudalen Rechte und Strukturen. Insofern förderten die Physiokraten tendenziell den **Agrarkapitalismus**. Zum anderen – und diese Folge ist politisch weit brisanter – zogen die Physiokraten aus ihrer Theorie praktische Konsequenzen für die Sanierung des Staatshaushaltes. Da ausschließlich in der Landwirtschaft Produktionsüberschüsse erzielt würden, dürfe man auch nur die **Grundrente** aktiv besteuern, während man den produzierenden Bauern alle Freiheiten zur Entfaltung ihrer Produktivkraft lassen müsse. Das physiokratische Denken hatte das Potenzial, ein Gegenmodell zur Ständegesellschaft zu begründen. Die vorgesehene Einteilung in drei Klassen, die der Grundeigentümer *(classe propriétaire)*, der bäuerlichen Pächter *(classe productive)* und der übrigen Bevölkerung *(classe stérile),* leitete sich nicht mehr aus dem Geburtsrecht, sondern aus der ökonomischen Funktion ab. Die Konsequenz dieser Erkenntnis war der *impôt unique,* eine einzige, allgemeine Steuer auf die Grundrente. Eine Steuer auf Grundbesitz stellte darüber hinaus das Steuerprivileg des die Grundrente beziehenden Adels infrage und wurde in den Reformdiskussionen der siebziger und achtziger Jahre zum Zankapfel, denn der Adel witterte natürlich die in dieser Theorie enthaltenen Gefahren für seine gesellschaftliche Stellung.

Die schwachen französischen Könige nach Ludwig XIV. konnten sich der physiokratischen Lehre nicht verschließen und beriefen mehrfach **Generalkontrolleure** (heute würde man sagen: Finanzminister), die Reformen in diesem Sinne vorschlugen. Bereits von 1774–1776 bemühte sich Anne Robert Jacques **Turgot** (1727–1781), einer der führenden Vertreter der physiokratischen Schule, als Generalkontrolleur der Finanzen von höchster staatlicher Stelle aus um marktliberale Reformen. Er stieß auf den heftigen Widerstand der Adelsopposition.

Die Einberufung der Generalstände als Ergebnis gescheiterter Reformversuche

Nach einer Missernte 1774 kam es 1775 zum sogenannten **Mehlkrieg**, einem Aufstand breiter Bevölkerungskreise gegen die gestiegenen Brotpreise. Turgots Politik, die hier auf die Selbstregulation setzte, war diskreditiert, und der wankelmütige König entließ seinen Minister. Bereits hier kam es kurzfristig zu einer Deckung der Interessen des Adels, der um seine Privilegien fürchtete, und der armen Bevölkerungskreise, die in existentielle Not geraten waren.

Zwischen 1783 und 1787 griff Generalkontrolleur Charles-Alexandre de **Calonne** (1734–1802) die Reformanliegen der Physiokraten abermals auf. Er konfrontierte die französische Öffentlichkeit erstmals mit der Nachricht des drohenden **Staatsbankrotts** und legte ein drastisches **Reformprogramm** auf. Calonne sah, entsprechend der physiokratischen Lehre, die Einführung einer einheitlichen Grundsteuer vor, die Abschaffung der Frondienste in der Landwirtschaft, die bereits von den Merkantilisten angestrebte, aber nie realisierte

Vereinheitlichung des Wirtschaftsraumes, d. h. den Wegfall von Binnenzöllen und Handelsschranken, sowie den Aufbau einer effizienten staatlichen Finanzverwaltung. Da der **Widerstand der Parlamente** bereits hoch war und weiter anstieg, sodass mit deren Ablehnung gerechnet werden musste, konnte er den seit 1774 regierenden König Ludwig XVI. (1754–1793) überzeugen, eine **Notabelnversammlung** einzuberufen. Hierbei handelte es sich um ein Gremium angesehener Männer, die vom König berufen (also nicht gewählt) wurden. Calonne versprach sich von ihrer Zustimmung eine breite Akzeptanz und schließlich die Durchsetzung der Reformen. Dieser Plan schlug aber fehl. Denn die im Februar 1787 zusammengetretene Versammlung, die zwar nur zu geringem Teil aus Adligen, jedoch praktisch ausschließlich aus Privilegierten bestand, machte keine Anstalten, den Plänen Calonnes entgegenzukommen, geschweige denn die Steuerprivilegien der ersten beiden Stände abzuschaffen. Stattdessen bildete sich hier neben den lästigen Parlamenten ein weiteres Forum der anti-absolutistischen Adelsbewegung. Vollends scheiterte das Projekt, als die Notabeln auch noch die Absetzung Calonnes im Mai 1787 erwirkten.

Regierungsbudget von 1788

Einnahmen 503 Millionen Livres | **Ausgaben 629 Millionen Livres**

Defizit 126 Millionen (= 20 % der Ausgaben)

Die Ausgaben des Haushalts verteilten sich folgendermaßen:

Zivile Ausgaben	145 Mio.	23 %
Öffentliche Bildung und Fürsorge	12 Mio.	unter 2 %
Hof und Privilegierte	36 Mio.	6 %
Militärausgaben	165 Mio.	26 %
Zinsen für die Staatsschulden	317 Mio.	über 50 %

Albert Soboul, Die Große Französische Revolution. Ein Abriß ihrer Geschichte, hg. und übersetzt von Joachim Heilmann und Dietfried Krause-Vielmar, Frankfurt am Main: EVA 1973, S. 75.

Auch Calonnes Nachfolger Étienne-Charles de **Loménie de Brienne** (1727–1794) scheiterte an der völlig verfestigten Verweigerungshaltung der Notabeln, die immer deutlicher die Forderung nach einer **Einberufung der Generalstände** laut werden ließen. Sie sollten ein förmlich gewähltes ständisches Gegengewicht gegen die Politik des Hofes in Gestalt dieses alten Verfassungsorgans in die französische Politik hineintragen. Vorerst verweigerte sich Ludwig diesem Ansinnen und löste die Versammlung auf. Durch hinhaltenden

Widerstand des Pariser Parlamentes, das ebenso wie die **Provinzialstände** im ganzen Land eine Blockadepolitik initiierte, sah sich Ludwig jedoch am 8. August 1788 gezwungen, die Generalstände für den Mai 1789 nach Versailles einzuberufen.

Die Generalstände bestanden aus je einer gleichen Anzahl Abgeordneter (ca. 200) der drei Stände Klerus **(Erster Stand)**, Adel **(Zweiter Stand)** und der restlichen Bevölkerung **(Dritter Stand)**. Insofern folgte diese Aufteilung keinerlei repräsentativen Erwägungen, sondern entstammte ganz der mittelalterlichen Tradition einer funktionalen ständischen Teilung der Gesellschaft. Die Wiedereinberufung der Generalstände nach 175 Jahren war ein deutlicher Hinweis darauf, dass es mit dem Absolutismus zur Neige ging.

Man hat den erwachenden Widerstand des französischen Adels, dessen Träger vor allem die Parlamente waren, als **„Vorrevolution des Adels"** bezeichnet. In der Tat war es nicht zum geringen Teil der Zweite Stand, der mit seiner Obstruktionspolitik die weiteren Entwicklungen erst ermöglichte. Dass er selbst der erste Verlierer sein würde, konnte vor Mai 1789 niemandem klar sein.

Indes wäre es verfehlt, in der verfahrenen politischen Situation, wie sie hier geschildert wurde, die einzige auf die Revolution zulaufende Linie zu sehen. Daher sei im Folgenden zunächst auf Krisenphänomene und anschließend auf den Dritten Stand als politisches Subjekt hingewiesen.

Kurzfristige Krisenfaktoren in der französischen Wirtschaft der 1780er-Jahre

Das chronische Staatsdefizit war für die überwiegend bäuerliche Bevölkerung Frankreichs oder das städtische Kleinbürgertum ein eher abstraktes Problem. Seine Zunahme durch die französische **Teilnahme am Siebenjährigen Krieg** (1756–63) oder das Engagement im **amerikanischen Unabhängigkeitskrieg** von 1778 bis 1783 war objektiv zwar bedeutsam für die oben geschilderte Dringlichkeit von Reformen, berührte aber ebenfalls den einzelnen Bürger kaum. Er litt vor allem an den scheinbar **willkürlichen Steuern und Abgaben**. Ebenso entscheidend waren Einzelereignisse, welche die Lebensbedingungen der Bevölkerung in ihrer Breite empfindlich beeinflussten.

Im Rahmen der Aufschwungbewegung des 18. Jahrhunderts und der Bevölkerungszunahme kam es zu einem **Anstieg der Preise** für Konsumgüter, von dem die Landwirtschaft profitierte, während das Lohn- und Einkommensniveau insgesamt dahinter zurückblieb, sodass während des gesamten 18. Jahrhunderts die **Lebenshaltungskosten** eher stiegen. Eine Ausnahme machten die Jahre ab 1778. Bedingt durch starke saisonale Schwankungen gingen die Preise für landwirtschaftliche Erzeugnisse nach Rekordernten teils so sehr zurück, dass die Landbevölkerung in wirtschaftliche Not geriet, teils stiegen sie infolge von **Missernten** so sehr, dass die städtische Bevölkerung **Mangel** litt. Die durch Hagel verursachte Missernte des Jahres 1788 darf zu den direkten Ursachen der Revolution gerechnet werden, denn sie sorgte für eine aufgeheizte Stimmung in den Städten, nachdem der Brotpreis im Frühjahr 1789 neue Rekordhöhen erklommen hatte.

1786 hatte sich die Regierung zur Unterstützung der Weinhändler zu einem **Handelsvertrag mit England** (sog. Eden-Vertrag) bereitgefunden, der den Abbau der englischen Zölle für französischen Wein vorsah. Im Gegenzug erleichterte Frankreich den Import englischer Textilwaren. Die Folge war eine Krise der französischen Textilindustrie. Es kam deshalb zu einem Anstieg der **Arbeitslosigkeit** und zu großer Armut unter den Textilarbeitern.

Man kann daher von einer zufälligen Ballung einzelner Krisensymptome im Vorfeld des Jahres 1789 sprechen, deren Höhepunkt sich in der aufgeladenen Stimmung des Frühsommers 1789 findet.

Der Dritte Stand im Vorfeld der Ereignisse von 1789

Man erfährt erstaunlich wenig über den Dritten Stand in den Jahren vor 1789. Wo seine Angehörigen Forderungen erheben, tun sie dies spontan und unorganisiert, ihre **Heterogenität** verhindert ein geschlossenes Auftreten und einheitliches Handeln. Stattdessen erkennt man Gemeinsamkeiten mit dem Adel. Die aristokratische Front gegen den Absolutismus wurde in diesen Monaten auch vom Großbürgertum mitgetragen, das in der Adelsopposition vor allem dessen anti-absolutistische Komponente wahrnahm. Doch seit August 1788, seitdem feststand, dass in den Generalständen der Dritte Stand als eigene „Kurie" politisch in Erscheinung treten würde, änderte sich dies. Man kann den Wandel an jener berühmten Flugschrift festmachen, die dieses Erwachen konzentriert zum Ausdruck brachte und seit ihrem Erscheinen im Januar 1789 vieltausendfache Verbreitung fand: **„Was ist der Dritte Stand?"**, fragte Emmanuel-Joseph **Sieyès** (1748–1836), ein aus einfachen Verhältnissen stammender Kleriker, der – was nicht ungewöhnlich war – trotz seines Standes von der Aufklärung geprägt war und dementsprechend Sympathien für die Anliegen der Nichtprivilegierten hegte.

Karikatur. „Man muss hoffen, dass dies Spiel bald endet", 1789. Die bekannteste zeitgenössische Karikatur zeigt einen Bauern, der unter der Last des ersten (rechts) und zweiten Standes (links) ächzt, während seine Feldfrüchte von Tieren, die er nicht jagen darf, gefressen werden.

Sieyès untersuchte zunächst die faktische Situation des Dritten Standes und stellte ein eklatantes Missverhältnis zwischen dessen faktischer Größe und seiner völligen politischen Rechtlosigkeit fest: Während der Dritte Stand neunzehn Zwanzigstel der Bevölkerung ausmache und alle Arbeitslast trage, sei er politisch gegenüber den privilegierten Ständen völlig rechtlos. Ausgehend von diesem Befund formulierte Sieyès im Wesentlichen zwei Thesen, die fortan zum Gemeingut des Handelns des Dritten Standes in den Generalständen werden sollten. Sie lieferten allen nicht privilegierten Franzosen eine neue, zunächst parallel zur Ständegesellschaft vertretene und diese bald darauf ablösende Staatsvorstellung. Sieyès ging dabei insofern geschickt vor, als er den von den Parlamenten häufig gegen den König verwendeten Begriff der **Nation**, welche die Parlamente gegen den Despotismus des Königs zu verteidigen suchten, flugs umdefinierte. Eine Nation sei die Gemeinschaft von Menschen, welche unter einem gemeinsamen Gesetz lebten. Dies schloss Adel und Klerus aus der Nation aus, sofern sie ihr nicht unter Verzicht auf ihre Privilegien beitreten würden. Wenn nicht, sei das auch zu verschmerzen, denn da der Dritte Stand zahlenmäßig drückend überlegen und obendrein bereits jetzt Leistungsträger sei, stelle er eine vollständige Nation dar. Der Dritte Stand sei insofern längst „alles“. Zum ersten Mal im vorrevolutionären Diskurs fand hier die Forderung nach **rechtlicher Gleichheit** ihr Sprachrohr.

Sieyès stellte so das Denken über den Staat und seine Legitimation vom Kopf auf die Füße und setzte damit die überkommene sakrale Legitimation der Ständegesellschaft unter Hinweis auf die tatsächlichen gesellschaftlichen Zustände kurzerhand außer Kraft. In ihrer Nüchternheit waren das beeindruckende Worte und sie verfehlten ihre Wirkung auf die Zeitgenossen nicht, zumal Sieyès auch noch ein alternatives Gliederungsmuster einführte, das den von den Physiokraten bereits angedeuteten Klassenbegriff, d. h. eine Gliederung nach ökonomischer Stellung und Leistungsfähigkeit, favorisierte. An die Stelle der drei Stände rückten hier Landwirtschaft, Handwerk, Handel und Gelehrtenklasse.

Verglichen mit der Radikalität dieses Denkens nahmen sich Sieyès' politische Forderungen eher gemäßigt aus: Er forderte, dass der Dritte Stand in den Generalständen nur von Bürgern vertreten werde, dass die **Zahl der Abgeordneten des Dritten Standes** genauso hoch sei wie die der anderen beiden Stände zusammen und dass in den Generalständen nicht nach Ständen, sondern nach Köpfen abgestimmt werde. So defensiv diese Forderungen auch formuliert waren, so sicher war im Falle ihrer Erfüllung, dass die Generalstände im Sinne des Dritten Standes votieren würden; denn es war gewiss, dass es Überläufer aus den ersten beiden Ständen geben würde, die sich den Reformideen des Dritten Standes anschließen würden. Ende Dezember 1788 erfüllte Ludwig XVI. zumindest die zweite Forderung: Die Zahl der Abgeordneten des Dritten Standes wurde auf 600 verdoppelt. Die Saat der Aufklärung begann aufzugehen.

Derlei programmatische Schriften fanden ihre Ergänzung in den **cahiers de doléances**, Beschwerdehefte, die den in die Generalstände gewählten Abgeordneten des Dritten Standes von den verschiedensten Korporationen mit auf den Weg gegeben wurden. Sie sind in großer Zahl erhalten geblieben und stellen heute eine überaus interessante Quelle für die Sorgen und Wünsche des Dritten Standes zu Beginn des Jahres 1789 dar.

Die revolutionären Ereignisse des Jahres 1789

Versailles: Von den Generalständen zur Nationalversammlung

Als die Generalstände am 5. Mai 1789 schließlich in Versailles eröffnet wurden, gab es drei Hauptparteien, die denkbar **unterschiedliche Erwartungen** an die Versammlung hegten. Für Ludwig XVI. und seinen Hofstaat hatte sie ausschließlich die Funktion, Wege zur Lösung der Finanzkrise des Staates zu finden und mitzutragen. Adel und hoher Klerus versprachen sich eine antiabsolutistische Umwälzung der politischen Machtverhältnisse zu ihren Gunsten. Die im Dritten Stand dominierenden bürgerlichen Bildungseliten schließlich stellten auf der Grundlage der Gedankenwelt der Aufklärung gleich die gesamte überkommene Ständegesellschaft infrage. Auf verfahrenstechnischer Ebene fanden diese Unterschiede ihren Ausdruck in gegensätzlichen Auffassungen über den **Tagungsmodus**: Sollten die Stände traditionell getrennt oder gemeinsam tagen? Umstritten war aber auch, was viel gravierender war, das **Abstimmungsverfahren** – nach Ständen oder nach Köpfen?

Die Eröffnung der Generalstände am 5. Mai 1789; Ölgemälde von Auguste Couder, 1839.

Bereits die Eröffnungsfeier ließ den Dritten Stand erkennen, dass Ludwig zu keinen Zugeständnissen hinsichtlich der Kompetenzen und der Verfahrensfragen bereit war. Dies schuf von vornherein eine ablehnende, zum Widerstand entschlossene Haltung unter den Abgeordneten. Daraufhin benannte sich der Dritte Stand bereits am folgenden Tag nach dem Vorbild des englischen Unterhauses (*House of Commons*) um und nannte sich *députés des communes*. Die Weigerung, wie die anderen beiden Stände eine Prüfung der Legitimation der Abgeordneten vorzunehmen, war ein erster Hinweis darauf, dass der revolutionäre Funke im Begriff war, ein Feuer zu entzünden. Die Geschäftsordnungsdebatten der folgenden Tage und Wochen brachten keine Lösung.

Da sie von der schroffen Zurückweisung der beiden anderen Stände zusätzlich erzürnt und abgestoßen waren, entwickelten die durchaus nicht einheitlich zusammengesetzten Abgeordneten des Dritten Standes ein Zusammengehörigkeitsgefühl. Es mündete nach zweitägiger Debatte am 17. 6. 1789 in dem mit überwältigender Mehrheit (490 : 90 Stimmen) gefassten Beschluss, dass sich der Dritte Stand zur **Nationalversammlung** *(assemblée nationale)* erklärte. Spätestens als diese sich am folgenden Tag auch noch das Recht zur Steuerbewilligung zuerkannte, wurde deutlich, dass hier ein **revolutionärer Akt** stattgefunden hatte: Getreu der Argumentation des Abbé Sieyès – er gehörte zu den Deputierten des Dritten Standes – erklärten sich die als Standesvertreter gewählten Abgeordneten zur **alleinigen Legislative** des französischen Staates. Zugleich forderten sie die **Deputierten der anderen beiden Stände zum Beitritt** auf. Am 19. 6. beschloss der Erste Stand mehrheitlich den Übertritt in die Nationalversammlung; im Zweiten Stand plädierte zumindest eine Minderheit dafür.

So kühn dieser Schritt des Dritten Standes war, so logisch er aus den Debatten der Vormonate hervorgegangen war – politisch war zunächst nicht viel gewonnen. Denn über einen Rückhalt, der die mutige Erklärung durch eine faktische Machtbasis hätte ergänzen können, verfügte die neue Nationalversammlung nicht. Dies ließ der König die Abgeordneten denn auch umgehend spüren, indem er das Tagungslokal des Dritten Standes aus fadenscheinigen Gründen kurzerhand schließen ließ. Der Entschlossenheit der Deputierten tat dies keinen Abbruch. Sie versammelten sich im nahegelegenen Ballhaus und schworen unter dem Eindruck der Ereignisse, nicht eher auseinanderzugehen, bis sie eine Verfassung ausgearbeitet hätten. Diesem sogenannten **Ballhausschwur** vom 20. Juni kommt nicht derselbe revolutionäre Rang zu wie den Ereignissen des 17. Juni, er zeigt jedoch deutlich, welche Dynamik die Ereignisse im Juni 1789 in der Isolation des Tagungsortes Versailles gewonnen hatten. Ein Versuch des Königs, die drei Stände in einer gemeinsamen Sitzung am

23. Juni in die Schranken zu weisen und auf die alte Versammlungsordnung festzulegen, scheiterte. Mirabeau, der redegewaltige (adlige) Wortführer des Dritten Standes, hielt sich konsequent an das neue Selbstverständnis der Abgeordneten, als er dem Zeremonienmeister des Königs entgegenrief, dass dieser – da kein gewähltes Mitglied der Versammlung – kein Rederecht besitze und man nur militärischer Gewalt weichen werde. Zusätzlich erkannten die Deputierten einander die **Immunität**, ihre Unverletzlichkeit in Form des Schutzes vor gerichtlicher Verfolgung, zu.

Der Ballhausschwur am 20. Juni 1789; (unvollendetes) Ölgemälde von Jacques-Louis David, 1791.

Dieses entschiedene Zeichen ließ alle Dämme brechen. Nach dem Klerus entschieden nun auch immer mehr Abgeordnete des Zweiten Standes, sich der Nationalversammlung anzuschließen. Die Aufforderung Ludwigs XVI vom 27. 6. an alle Deputierten, sich der Nationalversammlung anzuschließen, dokumentierte seine Ohnmacht ebenso wie seinen Wankelmut. Der **König** hatte sich in den Wochen zuvor meistens **zögerlich** verhalten. Die Ereignisse waren über ihn hinweggegangen; jetzt trieb er hilf- und ratlos in deren Strom.

Ende Juni war in Versailles gewissermaßen ein **Patt** entstanden. Die Entwicklung hatte eine solche Fahrt aufgenommen, dass es unmöglich war, sie rückgängig zu machen; andererseits war die Nationalversammlung mangels einer funktionierenden Exekutivgewalt faktisch machtlos. Die Situation war verfahren. Allerdings war sie es weniger, weil Monarchie und Nationalversammlung einander ausschlossen – so weit dachte noch keiner der Deputierten. Problematisch war die Situation eher, weil niemand wusste, welche Maßnahmen der König und sein Hof zu ergreifen gedachten. So kam es, dass Truppenbewegungen sensibel registriert wurden und zu vielerlei Gerüchten Anlass gaben.

Paris: Der Aufstand der Stadtbevölkerung

In dieser Situation kamen der Nationalversammlung die Ereignisse in Paris zu Hilfe. Man hatte die Entwicklung in Versailles aufmerksam verfolgt. Bereits Ende Juni war aus der Versammlung der Wahlmänner der Generalstände eine **provisorische Pariser Stadtverordnetenversammlung** hervorgegangen. Zugleich war die Pariser Stadtbevölkerung mit den Problemen der grassierenden Wirtschaftskrise konfrontiert: Die Arbeitslosigkeit hatte die Zahl Armer und Bedürftiger erhöht. Verschärft wurde die **Not** der untersten Pariser Schichten durch den Zuzug verarmter Landbevölkerung, die in Paris Arbeit und Brot erhoffte und nun in direkte Konkurrenz zu den Städtern trat. Die Überbevölkerung ließ den ohnehin schon auf höchstem Niveau befindlichen **Brotpreis** noch weiter steigen.

Zur herrschenden Unruhe kamen **Gerüchte über eine drohende Intervention** königlicher Truppen auf. Es waren also im Wesentlichen zwei Faktoren, welche die Stimmung in Paris anheizten: einerseits die objektiven Krisensymptome mit ihren sozialen Folgen, andererseits die Gerüchten entspringenden subjektiven Bedrohungsempfindungen. Ganz Paris lebte in diesen Tagen auf der Straße, ein Funke genügte, um den Volksaufstand zu entfesseln. Als am 12. Juli dann in Paris die Nachricht eintraf, dass der beliebte Finanzminister **Necker vom König entlassen** worden war, nahm man dies als Zeichen, dass die aristokratische Verschwörung begonnen hatte. Die Revolution brach aus.

Am 12. oder 13. Juli wurde eine **Bürgerwehr** gegründet, aus der wenig später die **Nationalgarde** hervorgehen sollte. Diese Bürgerwehr benötigte Waffen, sei es zur Aufrechterhaltung der Ordnung, sei es gegen den vermeintlichen Einmarsch der Truppen. Man fand Waffen in königlichen Amtshäusern, man plünderte Zollstationen und stand am Morgen des 14. Juli vor der Bastille, jener alten Festung mitten in Paris, deren faktischer Nutzen als Gefängnis minimal war, die aber als Symbol despotischer Unterdrückung wahrgenommen wurde. Die dort inhaftierten sieben Gefangenen wurden von einer rund 110 Mann starken Garnison bewacht. Infolge eines Missverständnisses eröffnete diese Besatzung das Feuer auf die Einlass begehrenden Massen. Als Festungskommandant de Launay Stunden später dennoch kapitulierte, obwohl die Festung mit den Mitteln der Belagerer kaum einzunehmen gewesen wäre, fiel die Menge über die Soldaten her. Es kam zum ersten der zahllosen Gewaltakte, die Paris in den kommenden Jahren erleben sollte.

Es ist die Symbolkraft des vermeintlichen **„Sturmes auf die Bastille“**, die das Ereignis bis heute in das Zentrum revolutionären Gedenkens rückt: Die Not leidende Bevölkerung hat hier symbolisch den Despotismus bezwungen und dem König ihren Willen aufgenötigt.

In Versailles verfehlte das Ereignis seine Wirkung nicht und veranlasste Ludwig XVI. umgehend zum Einlenken. Während die Gewaltakte gegen die königliche Beamtenbürokratie auch in den folgenden Tagen anhielten, widerrief er die Entlassung Neckers und erschien am 17. Juli selbst in Paris, um seinen guten Willen unter Beweis zu stellen. Er wurde von den Parisern zurückhaltend empfangen, aber freundlich verabschiedet, nachdem er die blau-weiß-rote **Revolutionskokarde** angelegt hatte, was als Geste der Unterwerfung verstanden werden konnte. Am gleichen Tag verließen hohe Adlige und Mitglieder der königlichen Familie das Land; die Welle von **Emigrationen** begann.

„Französisches Emigranten Volck in Hamburg nach dem Leben gemahlt“; Karikatur, um 1800.

Für Paris und viele andere Städte markierten die Unruhen des Juli 1789 nicht nur den Beginn revolutionärer Unruhe. Zunächst siegte hier sehr schnell die Ordnung. Aber diese war nicht mehr die des Beamtenapparates des Ancien Régime, sondern eine neue, selbst geschaffene demokratische. Die gewählten Stadtverordneten beruhigten die Massen, sorgten mit der Gründung der Nationalgarde für eine neue Exekutivgewalt und riefen die Tradition städtischer **Selbstverwaltung** wieder ins Leben, die der Absolutismus seit Jahrzehnten unterdrückt hatte.

Revolution auf dem Lande: Die Große Furcht

In den Städten hatte die Revolution eine zweite Trägerschicht gefunden. Neben die von Juristen dominierte Nationalversammlung war das städtische **(Klein-)Bürgertum** getreten und hatte aus einem Gemenge von Gründen und Anlässen dem Fortgang der Ereignisse eine erste **Massenbasis** verschafft. Doch wie eine Welle setzte sich der Aufruhr auch auf dem Lande fort. Vom Geschehen in Paris und in den anderen Städten trafen hier allmählich ebenfalls Nachrichten ein. Man erzählte einander, was man vom Hörensagen wusste: dass die Dinge in Bewegung geraten waren und Unordnung in den Städten herrschte. Diese Kunde vermischte sich mit den seit Monaten fühlbaren Krisensymptomen der letzten Missernte. Die Versorgungskrise hatte nämlich dazu geführt, dass sich die Menschen stärker denn je gegen die Feudalabgaben auflehnten. Vereinzelt war es bereits im Frühjahr zu **Bauernaufständen** gekommen. Spürbar war die Not auch an der Zunahme der landlosen, umherziehenden Bevölkerung. Unter dem Eindruck der Nachrichten aus den fernen Städten verdichteten sich all diese Einzelheiten zu einem enormen, vorwiegend subjektiven Bedrohungsszenarium. Allerorten witterte man Gefahr, welche von Räuberbanden ausgehe, die umherzögen, um die so dringend benötigte und jetzt kurz bevorstehende Ernte zu vernichten. Die Landbevölkerung bewaffnete sich, um dem Feind entgegenzuziehen, der angeblich bereits im benachbarten Dorf angelangt war.

Die Große Furcht im Sommer 1789; zeitgenössische Darstellung.

Die **Aufstandsbewegung auf dem Land** entwickelt sich also, in regional unterschiedlichen Anteilen, einerseits aus einem Bauernaufstand traditioneller Art, der kurzfristig und kleinräumig das Joch adliger Unterdrückung zu mildern oder zu überwinden trachtete, andererseits aber auch schlichtweg aus einer Panik, die daraus resultierte, dass das unbekannte Neue in eine archaische, entsprechend unbewegliche Gesellschaftsform einbrach. Diese kennt von alters her nur eine Art, solche Ereignisse zu verarbeiten: die Vorstellung der Apokalypse, d. h. das Heraufziehen der Endzeit. Der bewaffnete Aufbruch gegen die nicht vorhandenen Räuberbanden war insofern auch eine hilflose Reaktion auf die **Große Furcht**, die dann auch namengebend für diesen Zeitraum wurde. Ein Ziel fand die erhitzte Meute der ängstlichen Bauern schließlich dennoch. Von der vergeblichen Suche zurückgekehrt, wandte man sich kurzerhand gezielt gegen die **Schlösser** des verhassten Adels und **brannte sie nieder**. Insbesondere die **Grundbucharchive**, in denen die Feudallasten festgeschrieben standen, fielen dem bäuerlichen Zorn zum Opfer.

Man kann sich insofern berechtigt fragen, ob sich hier wirklich ein revolutionärer Vorgang abspielte oder ob *la grande peur*, die Große Furcht, nicht nur der ländliche Reflex einer städtischen Revolution war. Für diese blieb sie freilich nicht folgenlos: Sie setzte die Akteure in der Nationalversammlung unter erheblichen Druck, und hier nicht nur den um seine Existenz fürchtenden Adel, sondern auch das reiche Bürgertum, das sich häufig bereits in vormals adlige Grundherrschaften eingekauft hatte und sich daher ebenfalls in seinen Besitzständen bedroht sah.

Auf dem Weg in die bürgerliche Gesellschaft: Das Werk der Constituante 1789–1791

Mit den Ereignissen auf dem Land Ende Juli/Anfang August 1789 war die erste Phase eines von den Massen ausgehenden, verdichteten revolutionären Geschehens vorüber, auch wenn in der Forschung die erste Phase der Revolution häufig bis 1791 ausgedehnt wird. Es folgte jetzt die Zeit, in der, in ruhigeren Bahnen, die Nationalversammlung als **Constituante** (verfassunggebende Versammlung) ihr Werk verrichtete und das bis dahin beispiellose Unterfangen auf sich nahm, aus einer feudalen eine **bürgerliche Gesellschaft** mit entsprechender Verfassung zu formen. Dieses Werk sollte gelingen. Aber es sollte Schwachstellen aufweisen, die ihm zumindest kurzfristig nur eine geringe Lebensdauer beschieden. Im Folgenden geht es darum, die zentralen Themen im Rahmen der Verfassungsdebatten darzustellen.

Die Abschaffung der Privilegien

Unter dem Eindruck der Nachrichten von den zahlreichen Aufständen auf dem Land kam es in der Nationalversammlung in der Nacht vom 4. auf den 5. August 1789 zu einer denkwürdigen Sitzung, an deren Ende die **Feudalrechte abgeschafft** wurden. Die Unsicherheit über das, was in der Fläche Frankreichs passierte, beunruhigte vor allem Adel und Klerus, aber auch etliche Abgeordnete des Dritten Standes, die um ihre Existenzgrundlagen fürchteten. Sie entschlossen sich zu einem beispiellosen Schritt und kamen dem bäuerlichen Aufruhr entgegen. Alle *an die Person* gebundenen **Privilegien** wurden kurzerhand **gestrichen:** Frondienste und Leibeigenschaft, grundherrliche (auch käufliche) Gerichtsbarkeiten, Jagdprivilegien und andere feudale Sonderrechte wurden abgeschafft, ständisch begründete Zugangsbeschränkungen zu Ämtern entfielen ebenfalls. Diese Maßnahmen bedeuteten nichts Geringeres als das **Ende der ständischen Feudalgesellschaft**. Und doch hatten sie einen Schönheitsfehler, der verhinderte, dass die Verhältnisse auf dem Land in eine Nullstellung zurückgesetzt wurden. Denn die sogenannten **dinglichen grundherrlichen Rechte**, die *am Land* hingen, das die Bauern bewirtschafteten, blieben bestehen und wurden nur für ablösbar erklärt. Sie entfielen also nur gegen eine erhebliche finanzielle Leistung an den bisherigen Inhaber. Die

ungleichen Eigentumsverhältnisse blieben somit durchaus bestehen; nur dass sie fortan nicht mehr feudal-, sondern naturrechtlich aufgefasst wurden und unter dem **Schutz des Eigentums** standen. Um diese scheinbare Halbherzigkeit zu verstehen, muss man bedenken, dass sich hier keineswegs nur der Adel durchsetzte, sondern dass es auch unter den Abgeordneten des Dritten Standes eine beträchtliche Anzahl an Grundbesitzern gab, die von einer radikalen Bodenreform ebenfalls betroffen gewesen wären. Insofern hat die Abschaffung der Feudalrechte zwar die **Ständegesellschaft beseitigt**, aber dem **Kapitalismus auf dem Land** vollends zum Durchbruch verholfen, denn es war absehbar, dass die Ablösung der grundherrlichen Rechte durch die bäuerliche Bevölkerung langfristig angelegt war und diese zumeist hoffnungslos überfordern würde. Jedenfalls fiel das Dekret der Nationalversammlung, das eine Woche später, am 11. August 1789, beschlossen wurde, erheblich differenzierter aus, als es der revolutionäre Überschwang des 4./5. August zunächst vermuten ließ. An die Stelle der feudalen war jetzt eine Gesellschaftsordnung im Geiste des **Liberalismus** getreten. Der Klerus blieb davon aber ausgeschlossen. Da der Kirchenzehnt ebenfalls ersatzlos abgeschafft wurde, war er somit der Verlierer der Augustbeschlüsse.

Die Erklärung der Menschen- und Bürgerrechte

Gab die Abschaffung der Feudalrechte angesichts der genannten Gründe noch erheblichen Interpretationsspielraum, so kann das andere zentrale Dokument, das die Nationalversammlung noch im selben Monat verabschiedete, bis heute als Schlüsseltext der westlichen politischen Tradition gelten. Am 26. August 1789 verabschiedete die Nationalversammlung die Erklärung der Menschen- und Bürgerrechte und zog damit so etwas wie die Zwischensumme der Erträge der Revolution.

Allein der Umstand, dass hier eine Sammlung von *Rechten* aufgezeichnet wurde, wo vorher der Stand des Einzelnen in der Regel über seine *Pflichten* definiert war, markiert den grundlegenden Wandel: **Freiheit** und (rechtliche) **Gleichheit** sollten fortan für alle Menschen ohne Unterschied gelten (Art. 1). Sie waren als **Grundrechte** ebenso unveräußerlich wie das Recht auf Eigentum und das Recht auf Sicherheit – hiermit war vor allem in der Tradition der englischen Habeas-Corpus-Gesetzgebung der Schutz vor willkürlicher Verhaftung gemeint – und Widerstand gegen Unterdrückung; Freiheit und Gleichheit waren zugleich Ziel jeder politischen Vereinigung (Art. 2). Gleichheit wurde ausdrücklich auch auf den Zugang zu allen Ämtern bezogen (Art. 6). Der Freiheitsbegriff war weit gefasst: Alles, was anderen nicht schadete, sollte erlaubt sein (Art. 4). Verbote durften nur auf der Grundlage von Gesetzen ausgesprochen werden – das ist die Vorstellung des modernen Rechtsstaats. Die Gesetze wiederum sollten „Ausdruck des allgemeinen Willens" sein, d. h., die Bürger sollten an ihrer Aufstellung mitwirken (Art. 6). Festgeschrieben wurde auch der Gedanke der **Volkssouveränität** in bewusstem Gegensatz zum bisherigen Gottesgnadentum (Art. 3). Weitere Grundrechte waren die **Meinungsfreiheit**, unter die auch die **religiöse Toleranz** fiel (Art. 10), und die Pressefreiheit (Art. 11). Die Grundrechte wurden zur verbindlichen Basis jeder Verfassung erklärt. Wo sie nicht realisiert seien, gebe es keine Verfassung (Art. 16).

Die **Bürgerrechte** – sie galten anders als die universal gültigen Menschenrechte nur für französische Staatsbürger – waren weit stärker den historischen Zuständen geschuldet. Auch hier ist der Reflex auf die Vergangenheit feststellbar – so etwa wenn den Bürgern ein Recht zugesprochen wird, die Notwendigkeit von öffentlichen Abgaben überprüfen zu lassen (Art. 14).

Ein Vergleich mit heutigen Grundrechtskatalogen zeigt, wie zukunftsweisend die Erklärung der Menschen- und Bürgerrechte von 1789 war. Zugleich fällt aber, z. B. im Vergleich mit den Artikeln 1–20 GG auf, dass sie insgesamt

Die Deklaration der Menschen- und Bürgerrechte trennt das Reich der Finsternis (das Ancien Régime) vom Reich des Lichts und der Aufklärung. Rechts tanzen freie Franzosen um einen der charakteristischen, mit einer phrygischen Mütze geschmückten Freiheitsbäume. Mütze und Freiheitsbäume gehören zur Symbolik des revolutionären Frankreich.

eher schmal geraten war. In der Erklärung von 1789 fehlten Artikel wie das Recht auf Freizügigkeit, der Schutz von Ehe und Familie, das Briefgeheimnis, die Koalitionsfreiheit oder Bestimmungen über das Schulwesen. Dies muss nicht verwundern. Schließlich war die Gesellschaft am Ende des 18. Jahrhunderts noch weit weniger mobil und dynamisch, sodass insgesamt weniger Regelungsbedarf bestand. Nur wenige vermochten die Religionsfreiheit über eine Toleranz gegenüber nichtkatholischen Konfessionen und Religionen hinaus zu denken. Zu selbstverständlich war die christliche, vor allem die katholische Prägung der Gesellschaft. Gleiches galt für Ehe und Familie. Andere Bestimmungen wiederum sind schlichtweg im Laufe der Jahrhunderte hinzugekommen, als das Staatswesen mehr und mehr ausreifte und Einfluss auf weitere Bereiche des sozialen Lebens gewann. Hierbei handelt es sich also nicht um Defizite, sondern um **historisch bedingte Besonderheiten**. Dies vorausgesetzt, war die Erklärung der Menschen- und Bürgerrechte zweifellos ein großer Wurf. Zwar hatte sie **Vorläufer** in Nordamerika, wo bereits 1776 die **Virginia Declaration of Rights** erstellt worden war, das Vorbild für den später in die US-Verfassung aufgenommenen Grundrechtskatalog. Die aktiv gestaltete Freiheit in Form des Rechtes auf Selbstverwirklichung *(pursuit of happiness)* fehlte aber in der französischen Fassung. Maßgeblich hierfür war die andere Ausgangsposition: Die französische Erklärung setzte sich implizit mit dem Ancien Régime auseinander und von ihm ab. Einen solchen Hintergrund kannten die englischen Kolonisten in Nordamerika nicht und konnten insofern auf zentrale Klarstellungen verzichten, um sich stärker ihren Visionen hinzugeben.

Der Streit um das königliche Veto

Die Interessen, die dem Handeln der Generalstände zugrunde lagen, waren sehr unterschiedlich. Gemeinsam saßen jetzt die ehemals als Delegierte ihrer Stände gewählten Abgeordneten in der Nationalversammlung. Nachdem sie mehrheitlich Anteil daran gehabt hatten, dass das verhasste Ancien Régime hinweggefegt worden war, galt es, aus der Kritik heraus ein neues Verfassungswerk zu schaffen. Es verwundert nicht, dass die alten Gräben jetzt unversehens wieder aufbrachen. Etliche Adlige hatten die Revolution bis dahin mitgetragen, doch war ihnen der Gedanke an eine **Delegitimierung des gottgegebenen Erbkönigtums** ganz fremd. Sie hatten auf die Änderung der praktischen Politik des Hofes gehofft, ohne dessen Stellung prinzipiell in Frage zu stellen. Dementsprechend abwegig erschien ihnen der Gedanke, dass die Königswürde, der Volkssouveränität entsprechend, zu beschneiden sei. Inzwischen war viel mehr zerstört, als in ihrer Absicht liegen konnte. Um zu retten, was noch zu retten war, plädierten sie für eine starke Stellung des Monarchen gegenüber der Legislative und forderten ein **Vetorecht** für den Monarchen.

In der Nationalversammlung trafen Befürworter und Gegner des königlichen Vetos aufeinander. Das Ergebnis war der **Kompromiss** vom 2. September 1789. Die Nationalversammlung beschloss, dem König in der Verfassung ein **suspensives**, d. h. aufschiebendes **Veto** zuzusprechen. Damit konnte Ludwig Beschlüsse der Nationalversammlung für zwei Legislaturperioden, d. h. für höchstens vier Jahre, außer Kraft setzen.

Hier zeichnete sich ab, dass die Träger der Revolution auf dem besten Wege waren, eine erste Gruppe von Monarchisten, die an der unbeschränkten Exekutiv- und Legislativgewalt des Königs festhielten, zu verlieren und sie sich zu Gegnern zu machen. An eine Abschaffung der Monarchie dachte zum damaligen Zeitpunkt indes kaum einer der Abgeordneten.

Neue Bedingungen für die Arbeit an der Verfassung: Der Marsch der Frauen nach Versailles

In Paris verfolgte man die Verfassungsdebatten mit großem Interesse und registrierte Stimmungsveränderungen sensibel. Zugleich misstrauten die Bürger dem König und beäugten jede Aktion seines Militärs kritisch. Neuwahlen sorgten dafür, dass die politische Aktivität hoch blieb. Außerdem waren die Versorgungsprobleme seit Juli keineswegs gelöst worden.

In dieser gespannten Situation blieb Ludwig XVI. wankelmütig und weigerte sich, die folgenreichen Beschlüsse der Nationalversammlung zu unterzeichnen. Als Paris Kenntnis von gegenrevolutionären Bekundungen hoher Offiziere am Hof in Versailles erhielt, war der Bann wieder einmal gebrochen. Ein rund 6 000 Personen umfassender Zug, hauptsächlich Frauen aus dem Markthallenviertel, dem sich die Nationalgarde notgedrungen angeschlossen hatte, marschierte nach Versailles und bedrängte den königlichen Hof in bisher nicht gekannter Art und Weise. Die Menge drang bis ins Schlafzimmer der Königin vor. Marie Antoinette entkam mit knapper Not. Nach Tumulten willigte Ludwig XVI. schließlich ein und ließ sich von den Protestierenden am 6. Oktober nach Paris führen, wo er mit seinem Hof die **Tuilerien**, den alten Königspalast, bezog. Dieser Schritt rettete ihm noch einmal seine Reputation. Fortan stand das **Königtum** aber **unter dem Druck der Pariser Straße**. Wenige

Tage später folgte die Nationalversammlung dem König nach Paris und legte damit den Grundstein für die Entwicklungen der Folgejahre: Sie war fortan weniger unabhängig, als sie es im abgeschiedenen Versailles gewesen war. Ihre Anfälligkeit für die Exzesse der städtischen Volksmassen wuchs.

Die Zivilverfassung des Klerus

Bei allem revolutionären Elan war der eigentliche Ausgangspunkt der Revolution fast in den Hintergrund getreten. Mit der relativen Beruhigung der Verhältnisse nach dem Sommer 1789 trat indes die Finanzkrise nur umso heftiger wieder auf den Plan und erinnerte die Nationalversammlung daran, dass es auch praktische Politik zu treiben galt. Anfang November 1789 beschloss man die **Verstaatlichung der Kirchengüter**, ihre Überführung in sogenannte **Nationalgüter** *(nationalisation)* und gab dem Not leidenden Staat die Gelegenheit, ab Dezember 1789 Papiergeld, sogenannte **Assignaten**, auszugeben. Diese sollten **durch die zukünftigen Verkaufserlöse** der Nationalgüter gedeckt werden. Faktisch trieben sie indes die Inflation an, was zur weiteren Radikalisierung der Stadtbewohner, die als Lohnempfänger traditionell Leidtragende einer Inflation waren, führte. Vor allem aber entfremdete dieser Schritt einen Großteil des Klerus vom neuen Staat.

„Schwurhandaufzug" für Priester. Der Treueid für die Priester lautete: Ich schwöre, mit Sorgfalt über die Gläubigen der Pfarrgemeinde zu wachen, die mir anvertraut ist; der Nation, dem Gesetz und dem König treu zu sein und aus ganzer Kraft die Verfassung aufrechtzuerhalten, die von der Versammlung beschlossen und vom König angenommen worden ist.

Assignate über 10 000 Francs aus dem Jahr III der Republik (Januar 1794). Wie aus dem Nominalwert zu ersehen ist, schritt die Inflation voran.

Da die Kirche jetzt nicht mehr über eigene Eigentumsquellen verfügte, wurden die **Priester** zu **Staatsangestellten** erklärt. Sie sollten wie Politiker aus dem Kreis der ihnen anbefohlenen Gläubigen gewählt werden und einen **Eid auf die Verfassung**. ablegen. Wer sich seinem Gelübde gemäß an die päpstliche Amtsgewalt gebunden fühlte und diesen Eid verweigerte, wechselte ins Lager der Revolutionsgegner. Vielfach folgten ihnen die Gemeinden der **eidverweigernden Priester** nach. Dennoch wurden die Diözesen den Grenzen der **Departements** angepasst.

Die **Zivilverfassung des Klerus**, von der Nationalversammlung im Juli 1790 beschlossen, stellte einen tiefen Eingriff in die kirchliche Verfassung dar. Die Maßnahmen gegen die katholische Kirche hatten daher nicht nur für eine Kirchenspaltung, ein Schisma, gesorgt, sondern entfremdeten breite, vor allem ländliche Schichten, von den Anliegen der Revolution.

Das Wahlrecht als Ausdruck liberaler Grundüberzeugungen

Behält man den Katalog der Menschen- und Bürgerrechte im Hinterkopf, muss die Neugestaltung des Wahlrechts verwundern. 1789 waren die Generalstände nach dem Allgemeinen Wahlrecht gewählt worden. Jeder männliche Franzose über 25 Jahre hatte innerhalb seines Standes wählen dürfen. Hiervon nahm die Nationalversammlung jetzt Abstand. Das eingeführte **Zensuswahlrecht** sah ein mehrstufiges Wahlsystem vor, das wahlberechtigte **Aktivbürger** von den **Passivbürgern** trennte, die lediglich die Grund-, aber keine politischen Partizipationsrechte besaßen. Die Zuordnung war abhängig von der Steuerleistung. Wer mindestens drei Tageslöhne an jährlichen Steuern (2–3 Livres) zahlte, war als Urwähler wahlberechtigt. Das galt für rund ein Drittel der männlichen Bevölkerung (ca. vier Millionen Franzosen). Da die Wahl eine indirekte war, folgte eine weitere Staffelung: Als Wahlmann war wählbar, wer zehn Arbeitstage Steuerleistung (7–10 Livres) aufbrachte; Abgeordnete der Nationalversammlung schließlich mussten eine Silbermark (ca. 50 Livres) an Steuern bezahlen. Diese Dreistufigkeit sollte noch vor Inkrafttreten der Verfassung, im

Sommer 1791, modifiziert werden, indem die Grenze zwischen Wahlmännern und wählbaren Abgeordneten aufgehoben, der Steuersatz der ersteren dafür aber angehoben wurde.

Was vordergründig dem Grundrechtskatalog zu widersprechen schien, passte gleichwohl in das Weltbild der Aufklärer. Bildung war im 18. Jahrhundert stets an die Voraussetzung des Wohlstandes gebunden gewesen; nur wer über Muße verfügte, konnte sich der Lektüre aufklärerischer Schriften hingeben. Die Salonkultur legte hiervon Zeugnis ab. Auch die Abgeordneten der Nationalversammlung zählten überwiegend zu diesen Kreisen. Sie hatten im bisherigen Revolutionsgeschehen die eruptive, schwer lenkbare Kraft der Volksbewegung kennengelernt und mussten ein Interesse daran haben, diese von der direkten Teilnahme an der Legislative auszuschließen. Was heute daher auf den ersten Blick befremdlich wirkt, lässt sich leicht historisch begründen. Hinzu trat ein **liberales Leistungsdenken**, das diejenigen privilegierte, die erfolgreich waren. Man muss außerdem die historischen Relationen beachten: Immerhin war ein Drittel aller männlichen Franzosen Aktivbürger. Ein so hoher Anteil sollte im 19. Jahrhundert die Ausnahme bleiben. Man muss also nicht zwangsläufig auf die naheliegende marxistische Erklärung verfallen, wonach die Bourgeoisie, einmal an die Macht gelangt, alles daran setzte, diese zu behalten, auch wenn dies ebenfalls eine Rolle gespielt haben mag.

Umgekehrt schloss das Zensuswahlrecht zahlreiche Intellektuelle aus, die nicht über die geforderten materiellen Grundlagen verfügten. Diese schlossen sich jetzt verstärkt den zahlreichen **politischen Clubs** der Hauptstadt an und suchten durch Agitation, Einfluss auf das städtische Kleinbürgertum zu gewinnen. Hier zeigte sich, dass die Gesellschaft inzwischen erheblich vielschichtiger war als das Bild, das sich die Verfassungsväter von ihr machten. Es entstand gewissermaßen eine außerparlamentarische Opposition, welche Einfluss auf das Heer der Passivbürger zu nehmen trachtete – mit wachsendem Erfolg, wie sich bald erweisen sollte.

Dass sich in der Verfassungsdiskussion liberale Grundsätze Bahn brachen, zeigte sich auch an einer Regelung, die heute ebenfalls befremdlich wirkt. 1791 wurden das Streikrecht und die Koalitionsfreiheit ausdrücklich untersagt. Das **Koalitionsverbot** bedeutete, dass jede politische Organisation zum Zwecke der Verfolgung gemeinsamer Interessen untersagt war. Das richtete sich etwa gegen die alten Zünfte, hätte aber auch jede gewerkschaftliche Selbstorganisation betroffen. Hier setzte sich abermals das individualistische Denken des Liberalismus durch. Jede Form von kollektiver Einigung galt als kontraproduktiv und wettbewerbsverzerrend. Der Einzelne, durch die Französische Revolution gerade befreit von Zunftzwängen und den Sonderrechten der Ständegesellschaft, sollte nicht gleich wieder in neue, wenn auch freiwillige Vereinigungen eingebunden sein. Man muss den Verfassungsvätern zugute halten, dass sie hierin über zu wenig Erfahrung verfügten. Auf diesem Gebiet sollte das liberale Denken alsbald überholt sein. Dennoch galt das Koalitionsverbot in Frankreich noch bis zum Ende des 19. Jahrhunderts.

Schließlich brachte das neue Menschenbild 1791 erstmals in der europäischen Geschichte die vollständige rechtliche und politische Gleichstellung der **Juden** und ging damit über die bloßen Toleranzpatente anderer europäischer Staaten weit hinaus.

Die konstitutionelle Monarchie

Das Zensuswahlrecht bildete gewissermaßen das Fundament der Verfassung, die am 3. September 1791 von der Nationalversammlung beschlossen wurde.

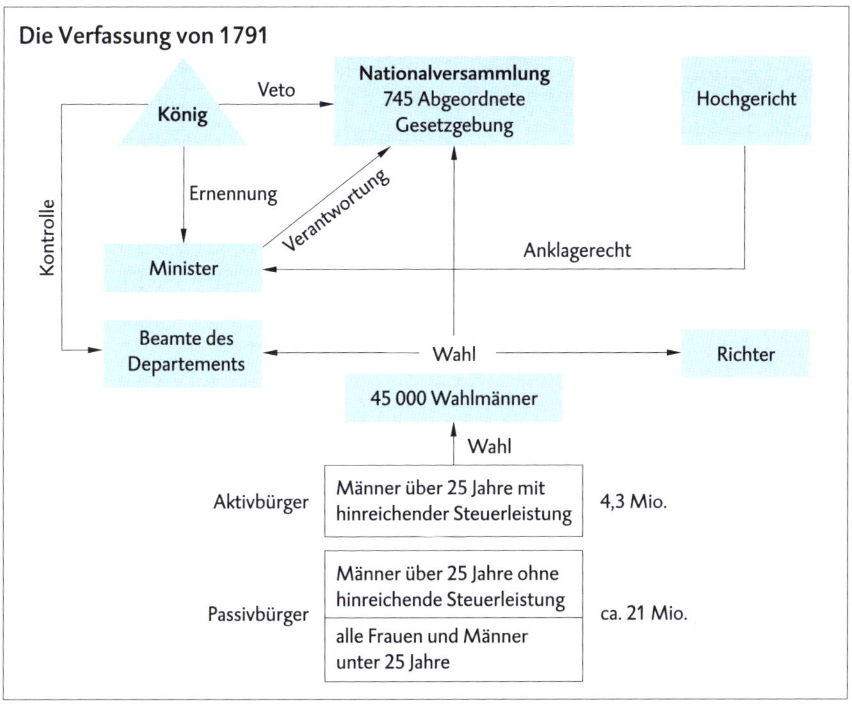

Die Verfassung war am Reißbrett aufklärerischer Staatsphilosophie gezeichnet worden und löste exakt die Versäulung eines von Gewaltenteilung gekennzeichneten Staatswesens ein, das Locke und Montesquieu Jahrzehnte zuvor ersonnen hatten.

Leopold II., österreichischer Kaiser, fragt Ludwig XVI.: „Was machst Du, Schwager?" – „Ich unterzeichne." (Kupferstich, 1791)

Der **König** blieb Staatsoberhaupt; die Staatsform blieb monarchisch. Der König berief und entließ die Minister und er hatte den Oberbefehl über die Armee. Der König von Frankreich *war* die **Exekutive**. Als solche kam ihm, etwa im Gegensatz zur parlamentarischen Monarchie, eine eigenständige Rolle im Rahmen der Verfassung zu. Da die Königswürde erblich war, war auch der Fortbestand der bourbonischen Dynastie vorgesehen.

Doch der König von Frankreich war in seiner Machtfülle im Vergleich zu vorher deutlich beschnitten. Dem Verfassungsverständnis nach war er jetzt nur noch ein König der Franzosen. Als Verfassungsorgan unterstand er dem gleichen Gesetz, denselben Rechten und Pflichten wie seine Untertanen. Ferner waren viele seiner exekutiven Funktionen durch die starke Legislative eingeschränkt. Denn auch die **Nationalversammlung** kontrollierte Heer und Flotte und konnte von den königlichen Ministern Rechenschaft fordern. Außerdem war die Zahl der Beamten, die vom Volk zu wählen waren, so hoch, dass von dem ehemaligen Intendantensystem des Absolutismus nichts übrig geblieben war. Die Verwaltung unterstand insofern nicht mehr wie vorher dem König.

Dazu trug bei, dass Frankreich in kurzer Zeit verwaltungstechnisch völlig neu gegliedert worden war. An Stelle der alten Provinzen waren 83 in etwa gleich große **Departements** entstanden. Sie waren wiederum in **Distrikte** eingeteilt, die aus den kleinsten Verwaltungseinheiten, den **Gemeinden**, bestanden. Die Gemeindebeamten wurden von den Wahlmännern gewählt. Somit war der ehemalige Zentralismus inzwischen durch subsidiäre Strukturen von unten her durchbrochen worden. Das schränkte die Exekutivgewalt des Königs weiter ein. Durch das suspensive Veto konnte dieser freilich auch weiterhin Einfluss auf die Tagespolitik nehmen.

Die stärkste Säule war zweifellos die **Nationalversammlung** als **Legislative**. Sie stellte das Herzstück der Verfassung dar und bildete die neu gewonnene **Volkssouveränität** ab, indem sie das französische Volk – zumindest in Gestalt seiner Aktivbürger bzw. wählbaren Wahlmänner – repräsentierte. Sie sollte alle zwei Jahre neu gewählt werden.

Die **Judikative** entsprach den neuen Verwaltungsstrukturen. Die **Geschworenengerichte** wurden auf Gemeindeebene von den Wahlmännern gewählt, das neue **oberste Gericht**, das an die Stelle der Parlamente trat, konnte bei Bedarf von der Nationalversammlung angerufen werden. Für die höheren Instanzen hatte die Nationalversammlung eine Kontrollfunktion. Grundsätzlich war die Judikative jedoch unabhängig. Dazu war die Rechtsprechung kostenlos.

Zwischenfazit

Die Geschichte der Revolution in ihrer ersten Phase, zwischen 1789 und 1791, hat in der westlichen historischen Forschung oft mehr Aufmerksamkeit erfahren als die der Folgejahre. In der marxistischen Forschung hingegen stellen diese Jahre lediglich eine Vorstufe der folgenden Radikalisierung dar. Der Grund für die unterschiedliche Wahrnehmung ist in den persönlichen Sympathien und politischen Überzeugungen der Historiker zu suchen. In der Tat legte die Verfassung von 1791 den Grundstein für das Gesellschaftsmodell des 19. Jahrhunderts. Ein **besitzbürgerlich geprägter Liberalismus** sollte der Gesellschaftsentwurf des fortschrittlichen Westeuropas während der kommenden 100 Jahre sein. Die Menschen- und Bürgerrechte fungierten hier lediglich als Basis für die Stabilisierung der Herrschaft einer **Leistungs**-, vor allem aber einer **Vermögenselite**, die noch zu Zeiten des Ancien Régime entstanden war. In demselben Maße, in dem sie ihre Freiheitsrechte gegen das Beharrungsvermögen der alten Eliten erkämpft hatte, war sie entschlossen, diese nun ihrerseits gegen das **Kleinbürgertum** und seine abweichenden Interessen zu verteidigen. In dieser Hinsicht waren die aufgeklärten Eliten von 1789 gelehrige Schüler derjenigen, die sie als herrschende Klasse beerbt hatten. Auch die Aufklärungsphilosophie stand diesem Verhalten, wie wir gesehen haben, nicht im Weg.

Für die große Mehrheit der Abgeordneten der Nationalversammlung war mit der Ausarbeitung des Verfassungswerkes die Revolution von 1789 beendet. Jede Weiterführung, so formulierte es der Konstitutionalist Barnave, berge die Gefahr, auf eine Abschaffung des Königtums sowie auf eine stärkere Akzentuierung der Gleichheit zulasten des Eigentumsrechts hinauszulaufen. Damit waren die Ängste des gehobenen Bürgertums klar formuliert. Bereits im folgenden Jahr sollte sich zeigen, dass sie berechtigt waren.

Das Arrangement der Bundesfeier am 14. 7. 1790 auf dem Marsfeld in Paris brachte das Selbstverständnis des neuen Staates zum Ausdruck. 83 Masten mit den Fahnen der Departements schlossen die Tribünen ein, auf denen auch die königliche Familie – gewissermaßen als Teil des französischen Volkes – Platz nahm. Vor dem Altar schwor Lafayette, der Befehlshaber der Nationalgarde, in einer Zeremonie der Nation, dem Gesetz und dem König Treue.

Die Radikalisierung des Geschehens – Frankreich als Republik 1792–1794

Eine neue politische Kraft: Die Sansculotten

Der vermeintliche Abschluss der Revolution mit der Verabschiedung der Verfassung am 3. September 1791 konnte die Probleme, vor die sich die konstitutionelle Monarchie von Beginn an gestellt sah, nur mühsam verdecken.

Bereits Ende Juni 1791 hatte Ludwig XVI. einen **Fluchtversuch** unternommen. In Nordfrankreich entdeckt, wurden er und seine Familie im Triumph nach Paris zurückgeführt. Für die Konstitutionalisten drohte damit eine Säule ihrer Verfassung wegzubrechen: Der als Exekutive fungierende, in die Verfassung eingebundene Monarch hatte seine Untreue und offenkundige Gegnerschaft gegen die verfassungsmäßige Ordnung erwiesen.

Zwar gelang es der Mehrheit der Nationalversammlung, das Geschehen als Entführungsversuch auszugeben, an dem der König schuldlos sei. Dennoch war das **Vertrauen in die Monarchie** von nun an **stark erschüttert**. Daran konnte auch der Eid des Königs auf die Verfassung am 14. September desselben Jahres nichts mehr ändern. Der mehrfache Gebrauch des Vetorechts durch Ludwig tat ein Übriges. Spätestens von nun an beobachtete besonders die Pariser Stadtbevölkerung das Treiben in den Tuilerien argwöhnisch, ebenso wie sie mit den bisherigen, das Besitzbürgertum privilegierenden Ergebnissen der Revolution nicht zufrieden sein konnte. Alsbald entstand in dieser Gruppe ein **Kollektivbewusstsein**, das sich in der Bezeichnung als **Sansculotten** zeigte. Ihre äußerliche Gemeinsamkeit waren die gestreiften Langhosen, mit denen sie sich deutlich sichtbar von den Trägern der Culottes, der Kniebundhosen der Eliten des Ancien Régime, wie sie auch die Abgeordneten in der Nationalversammlung nach wie vor trugen, abhoben.

Darstellung zweier Sansculotten; typisch sind die Kokarde an der Mütze, die langen Hosen und die Holzpantoffeln.

Sansculotten waren **Pariser Kleinbürger**: Handwerker, kleine Kaufleute, Gesellen, Arbeiter, also diejenigen, die durchaus imstande waren, politische Interessen zu formulieren, durch das Zensuswahlrecht aber von der politischen Partizipation ausgeschlossen waren. Keineswegs darf man sich unter den Sansculottes nur eine verelendete Unterschicht sozialen Prekariats vorstellen. Auch wenig vermögende Gebildete, Juristen oder Journalisten etwa, waren darunter zu finden und sie gaben der Bewegung eine beredte Stimme. Diese Stimme war revolutionär: Man stand auf der Seite der Ereignisse von 1789 und wollte sie dadurch vollendet sehen, dass man die Freiheit, vor allem aber die Gleichheit, auch persönlich erfahren konnte. Die Forderungen der Sansculotten nahmen ihren Ausgang beim Hunger infolge der nach wie vor bestehenden Versorgungsprobleme. Zugleich sahen die Sansculotten, dass die kleine Gruppe des Besitzbürgertums von dem bisherigen Revolutionsverlauf mehr profitiert hatte als sie. Deshalb wandten sie sich gegen einen unbeschränkten Wirtschaftsliberalismus und forderten stattdessen die **ökonomische und soziale Gleichheit**, wohingegen das Besitzbürgertum es bei der rechtlichen Gleichheit belassen wollte. Insofern vertraten die Sansculotten tatsächlich einen **Klassenstandpunkt**, der sie in scharfe Opposition zum Bürgertum in der Nationalversammlung bis 1792 rückte. Zum Katalog der Forderungen gehörte eine **Beschränkung des Eigentums**. Sie wandten sich gegen den einsetzenden Kapitalismus und die beginnende Industrialisierung. Hier waren die Sansculotten konservativ und sprachen sich für eine **Gesellschaft kleiner Eigentümer** aus, die sich aktiv um einen Ausgleich sozialer Unterschiede bemühen sollte. Die Versorgungskrise gedachten sie durch **Preisfestsetzungen** in den Griff zu bekommen. Regelmäßig kam es zu Preis- und Brotunruhen in Paris. Auch in ihrem **Moralismus** waren die Sansculotten entschieden und eher rückwärtsgewandt, wenn sie etwa Prostitution oder Spielbanken ablehnten. Die Unruhe der Straße wurde in Paris damit zu einem wichtigen Faktor in der Politik.

Zu einem ersten Zusammenstoß zwischen Besitzbürgern und Sansculotten kam es am 17.7.1791. Als auf dem Marsfeld mehrere Tausend Handwerker und Arbeiter für eine Bestrafung Ludwigs XVI. nach seinem Fluchtversuch demonstrierten, eröffnete die Nationalgarde – sie war ausschließlich für Aktivbürger geöffnet – das Feuer und tötete ca. 50 Teilnehmer.

Die Flucht in den Krieg

Die Abgeordneten der Nationalversammlung sahen sich damit einer außerparlamentarischen Bewegung gegenüber, die jeden ihrer Schritte aufmerksam verfolgte und auch zu einem gewaltsamen Vorgehen gegen die Volksvertretung bereit schien, wenn sie ihre Interessen nicht hinreichend gewürdigt sah. Das Handeln der Nationalversammlung in dieser Situation trug geradezu klassische Züge: Sie trieb Frankreich auf den Krieg zu, um durch Außenpolitik von den innenpolitischen Problemen abzulenken. Gewiss hatten sich am 27. 8. 1791 der österreichische Kaiser Leopold II. und Preußens König Friedrich Wilhelm II. zu einer – noch recht unklar formulierten – Unterstützungserklärung zugunsten Ludwigs XVI. bereitgefunden. Die **Deklaration von Pillnitz** bedeutete aber keine akute Kriegsgefahr für Frankreich, zumal Österreich und Preußen damals zu sehr mit der Aufteilung Polens beschäftigt waren. Dennoch nutzten vor allem republikanische Abgeordnete der Nationalversammlung die Chance, um die Kriegsbereitschaft in der französischen Bevölkerung zu wecken. Ab Oktober 1791 inszenierten sie eine lebhafte **Kriegspropaganda**. Deren Motive reichten vom naiven Idealismus einer Kulturmission der Freiheit über die Vorstellung eines innergesellschaftlichen Reinigungsprozesses, der die gegenrevolutionären Elemente beseitigen würde, bis hin zu der klammheimlichen Hoffnung aufseiten der Monarchisten, dass eine französische Niederlage gegen eine scheinbar übermächtige Koalition den König wieder in seine ehe-

Das Lied der Marseiller Freiwilligen, erstmals am 30. Juli 1792 bei ihrem Einzug nach Paris gesungen, wurde 1795 zur Nationalhymne erklärt. Die erste Strophe lautet in der deutschen Nachdichtung eines unbekannten Dichters: „Er naht, um selbst in eurem Arm, den Sohn, die Gattin euch zu morden! Brecht, Bürger, auf! Stellt euch in Glied und Reih'! Zum Kampf und kämpft! Den Boden dünge das Blut der Tyrannei!"

malige Position bringen könnte. Nur wenige Abgeordnete der republikanischen Linken wie Robespierre, die bereits jetzt nüchtern kalkulierend zunächst die inneren Verhältnisse ordnen wollten, entzogen sich diesem Kriegsidealismus. Wie wenig naheliegend der angestrebte Präventivkrieg war, zeigt der Blick auf die wirtschaftliche Lage Frankreichs. Hier machte sich bereits die **Inflation** bemerkbar, die durch die Ausgabe der Assignaten hervorgerufen worden war. Auch ohne Missernte sorgte sie dafür, dass die Bauern ihr Korn horteten, anstatt es für wertloses Papiergeld herzugeben; die Ernährungslage in den Städten blieb schlecht. In den **Hungerunruhen** des Frühjahres 1792 traten die Sansculotten erstmals als politische Akteure auf den Plan. Dennoch erklärten die Nationalversammlung und Ludwig XVI. – jeweils aus unterschiedlichen Gründen – Österreich am 20. 4. 1792 den Krieg.

Dieser Krieg, der erste der sechs **Koalitionskriege** bis 1815, war zumindest in seiner ersten Phase für Frankreich aussichtslos. Elan und Missionsdrang der Revolutionäre konnten die tief greifenden Ausrüstungsmängel der heruntergewirtschafteten französischen Armee nicht aufwiegen. Hinzu kam ein Führungsproblem, denn ein Großteil des adligen Offizierskorps war inzwischen emigriert. Entsprechend desolat verliefen die ersten Gefechte; es drohte, was Ludwig XVI. sich erhoffte: die feindliche Invasion des französischen Staatsgebietes. Am 6. Juli trat Preußen in den Krieg ein, am 11. Juli sah sich die Nationalversammlung gezwungen, den **nationalen Notstand** zu erklären. Ihr Appell, unter anderem für das Recht auf Eigentum in den Kampf zu ziehen, musste den Sansculotten wie Hohn in den Ohren klingen.

Der Aufstand der Sansculotten im August/September 1792

Die Verachtung der Sansculotten für ihren Monarchen, die eskalierende Furcht vor der Gegenrevolution und die durch den Krieg noch verschärfte angespannte Versorgungslage bildeten den Treibsatz für die sogenannte **zweite Revolution** im August/September 1792 in Paris. An die Stelle ebenso gepflegter wie theorielastiger Debatten um den Staatsaufbau trat nun die **Gewalt der Straße**. Das Fass zum Überlaufen brachte am 1. August 1792 ein **Manifest des Herzogs von Braunschweig**, das dieser als Oberbefehlshaber der Koalitionstruppen wenige Tage zuvor (25. 7.) an die Pariser adressiert hatte. Darin forderte er die Wiedereinsetzung Ludwigs XVI. als absolutistischen Herrscher bei gleichzeitiger Androhung eines massiven Vergeltungsschlages gegen Paris, wenn dies nicht geschähe. Der Monarchie, so schien es, war nun endgültig die Maske vom Gesicht gerissen.

Am 10. August **stürmten** die **Sansculotten**, unterstützt von in Paris stationierten, sogenannten föderierten Truppen aus der Provinz, die **Tuilerien**. Ludwig floh in die Nationalversammlung, wurde dort aber verhaftet und inhaftiert. Seine Leibwache, rund 600 Mann Schweizergarde, setzte sich zur Wehr, erschoss etliche der Angreifer, wurde dann aber von der aufgebrachten Menge überwältigt. Diese plünderte und zertrümmerte zudem das Mobiliar des Schlosses. Die Sansculotten ergriffen auch die Macht in der Pariser Stadtverwaltung. Das 1789 etablierte, besitzbürgerlich dominierte Gremium wurde abgelöst. Die neue Selbstverwaltung, die **Commune**, setzte sich aus gewählten Abgeordneten der Pariser Sektionen (Wahlbezirke) zusammen, in denen die Sansculotten politische Fragen nach den Vorstellungen einer direkten Demokratie debattierten. Auch die bislang eher exklusive Nationalgarde wurde kurzerhand übernommen, ihr Oberbefehlshaber ermordet und durch einen Sansculotten ersetzt. Mit Piken bewaffnete Sansculotten zwangen die Nationalversammlung, die vorläufige **Amtsenthebung Ludwigs** zu beschließen. An seine Stelle trat ein **provisorischer Exekutivrat**. Am 10. August 1792 endete damit faktisch die Monarchie. Am Tag darauf beschloss die Nationalversammlung unter dem Eindruck der Ereignisse das **allgemeine Männerwahlrecht** und schaffte das von den Sansculotten verhasste Zensuswahlrecht ab.

Die Gewalt in Paris dauerte jedoch an. Im August häuften sich die bedrohlichen Nachrichten über Niederlagen der französischen Armee. Der Feind stand nun tief in Frankreich, fast schon in Reichweite von Paris. Es herrschte wieder

Jean Duplessis-Bertaux: Der Sturm auf die Tuilerien am 10. 8. 1792, Gemälde von 1793.

einmal eine Stimmung von Furcht und Angst, die ein Ventil suchte. Sie fand es in den Pariser Gefängnissen, wo neben Kriminellen auch politische Gefangene, namentlich eidverweigernde Priester, einsaßen. Die durch die revolutionäre Presse aufgestachelte Bevölkerung erblickte in den **„Verdächtigen“** eine gegenrevolutionäre Gefahr – und beseitigte diese. Vor improvisierte Pariser Volksgerichte gestellt, fielen den **Septembermorden** (2.–6. September 1792) mehr als 1 000 Häftlinge der Pariser Gefängnisse zum Opfer. Eine Beruhigung der Lage trat erst wieder ein, als mit der **Kanonade von Valmy** (20. 9. 1792) der Wendepunkt des Koalitionskrieges erreicht war. Fortan eroberte die französische Armee nicht nur das französische Staatsgebiet zurück, sondern griff bald danach auch darüber hinaus. Die innenpolitische Wirkung einer drohenden Niederlage war vorerst gebannt.

Girondisten und Jakobiner

Mit den Ereignissen des Spätsommers 1792 hatte die Pariser Stadtbevölkerung Fakten geschaffen, durch die die (groß)bürgerliche Revolution fürs Erste beendet war. Jetzt trieb das Kleinbürgertum die Revolution voran und gab ihr Tempo und Dynamik vor. Die Nationalversammlung hingegen war passiv geblieben bzw. hatte nur unter dem Druck der Straße gehandelt. Die Sansculotten schlugen einen Weg ein, der zu einer alternativen Lösung führen sollte. Sie propagierten nicht nur die rechtliche, sondern die faktische **soziale Gleichheit**. Gleichheit war insofern das Schlagwort, das in der kommenden Zeit, bis zum Sommer 1794, stärker in den Vordergrund treten sollte.

Eine der ersten Maßnahmen der neuen Republik war die Einführung eines neuen (Revolutions-)Kalenders zum Zeichen des republikanischen Neubeginns. Er brachte die Außerordentlichkeit der politischen Umwälzung zum Ausdruck, war daneben aber auch klares Zeichen für die beabsichtigte Entchristlichung der französischen Kultur. Der Revolutionskalender war erkennbar logisch aufgebaut: An die Stelle der christlichen Jahreszählung traten römische Jahreszahlen. Am 22. 9. 1792 begann das Jahr I. Jeder Monat à 30 Tage wurde in drei Dekaden eingeteilt, welche die alte Wochenzählung ablösten. Der letzte Tag einer Dekade war ein Ruhetag, der den Sonntag ersetzte. Die letzten fünf bzw. sechs Tage eines Jahres waren nationale Feiertage (Sansculottides). Die Akzeptanz des Kalenders war eher gering. Im Jahre 1805 schaffte Napoleon ihn wieder ab.

Die Monate des Revolutionskalenders (gültig ab 22. September 1792)

Herbst	Vendémiaire	22. September – 21. Oktober
	Brumaire	22. Oktober – 20. November
	Frimaire	21. November – 20. Dezember
Winter	Nivôse	21. Dezember – 19. Januar
	Pluviôse	20. Januar – 18. Februar
	Ventôse	19. Februar – 19. März
Frühling	Germinal	20. März – 18. April
	Floréal	19. April – 18. Mai
	Prairial	19. Mai – 17. Juni
Sommer	Messidor	18. Juni – 17. Juli
	Thermidor	18. Juli – 16. August
	Fructidor	17. August – 16. September

Bereits am 21. September trat die neugewählte Nationalversammlung, die sich jetzt **Konvent** nannte, zusammen und schrieb die **Republik** als Staatsform für Frankreich fest. Tatsächlich waren die Konstitutionalisten, die **Feuillants**, nach den Augustereignissen, aber auch infolge des neuen Wahlrechts nicht mehr im Konvent vertreten. Doch auch der rein republikanische Konvent wies verschieden ausgerichtete Gruppierungen auf, und deren Auseinandersetzungen sollten das kommende Dreivierteljahr bis Anfang Juni 1793 prägen.

In der Mitte des Konvents fand sich eine große Menge nicht festgelegter, unentschiedener Abgeordneter, die als **Ebene oder Sumpf** *(Marais)* bezeichnet wurde und als Mehrheitsbeschaffer diente. Vergleichsweise konservativ waren diejenigen Republikaner, welche die liberalen Ideen der Verfassung von 1791 weiterhin befürworteten. Nach der Gironde, einer westfranzösischen Landschaft rund um Bordeaux, in der sie ihre Hochburg hatten, nannte man sie **Girondisten**. Sie waren glühende Anhänger der Revolution, glanzvolle Debattenredner und hatten die Ereignisse des August/September mitgetragen. Jetzt freilich sahen sie die Ziele der Revolution erreicht, denn die liberale Gesellschaftsordnung wollten sie nicht aufgeben. Das hing auch damit zusammen, dass sie überwiegend aus der Provinz kamen und z. B. in den Städten am Atlantik die Segnungen des Freihandels kennengelernt hatten. Was die politische Struktur Frankreichs anbelangte, waren sie **föderalistischen** (bundesstaatlichen) Vorstellungen gegenüber aufgeschlossen. Und natürlich traten sie für eine repräsentative parlamentarische Demokratie ein.

Auf der linken Seite fanden sich die radikalen Demokraten aus dem Jakobinerklub. Genauer gesagt handelte es sich um den kleinen Rest der ehemals großen, verschiedene Strömungen integrierenden Versammlung im

Pariser Jakobinerkloster, wie er fortan als Fraktion im Konvent auftrat. Diese Gruppe wird bis heute als **Jakobiner**, nach ihren Sitzplätzen in den oberen Rängen im Konvent auch als **Bergpartei (Montagnards)**, bezeichnet.

Auch die Jakobiner entstammten zum großen Teil derjenigen Schicht, die die Revolution bereits seit 1789 getragen und begleitet hatte. Sie gehörten damit ebenfalls zu den aufgeklärten Eliten. Ihre beiden berühmtesten Vertreter, Georges **Danton** (1758–1794) und Maximilien de **Robespierre** (1758–1794), waren schon vor 1789 Juristen gewesen.

Überhaupt war die im Nachhinein so klare Trennung zwischen Girondisten und Jakobinern nicht von vornherein angelegt gewesen. Erst im Oktober 1792 wurden die Girondisten aus dem Jakobinerklub ausgeschlossen. Diese Trennung war indes Ergebnis politischer Meinungsverschiedenheiten, die sich bereits im Vorfeld der Augustereignisse abgezeichnet hatten. Aufgrund der vielen Probleme, unter denen Frankreich litt, plädierten die Jakobiner dafür, mit der erstarkenden Sansculottenbewegung zusammenzugehen und ihre Forderungen zumindest teilweise zu erfüllen. Es war somit auch eine taktische Entscheidung, welche die Jakobiner in das radikale politische Lager führte, während die Girondisten den Einfluss der Pariser Commune unterschätzten und ihr mittelfristig unterliegen sollten. Der Kern jakobinischer Politik blieb indes gleich, so verschieden und so wenig zimperlich man in der Wahl der Mittel war: Es ging um die **Vollendung der Revolution** in einer Republik oder – der Begriff trat damals verstärkt auf – in einer Demokratie.

200 Jahre Große Französische Revolution; sowjetische Briefmarke, 1989. Dargestellt sind Marat, Danton und Robespierre.

Georges Jacques Danton (1759–1794)

Ausschließlich von theoretischem Erkenntniswert ist in diesem Zusammenhang die neue, **republikanische Verfassung**, die der Konvent, bereits im Zeichen der innen- und außenpolitischen Eskalation, am 24. Juni 1793 beschloss. Sie trat aufgrund des herrschenden Ausnahmezustandes **niemals in Kraft**. Insofern gibt sie in ihrer Eigenart lediglich Auskunft darüber, wie sich die verbliebenen Konventsmitglieder den Aufbau der Republik vorstellten.

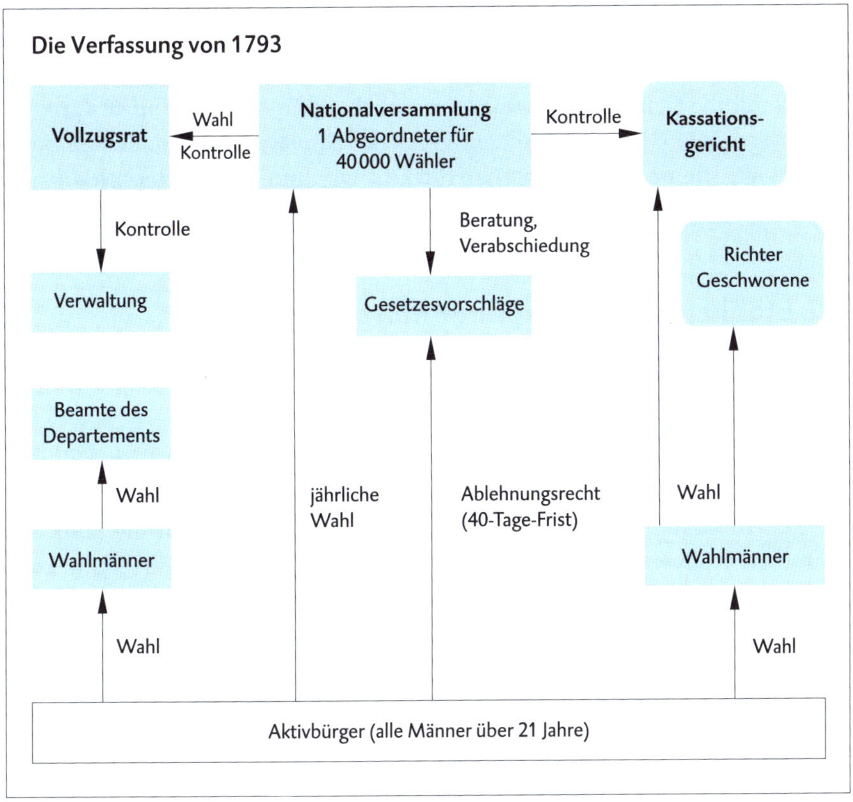

Auf der Grundlage des **Allgemeinen Wahlrechts für Männer** ab 21 Jahren – das Zensuswahlrecht war bereits im August 1792 von der Nationalversammlung per Beschluss beseitigt worden – erhielt der **Konvent** als Legislative die **zentrale Stellung** in der Verfassung. Er sollte nach einem strikten Verhältniswahlrecht für ein Jahr gewählt werden. Er verabschiedete Gesetzesvorschläge, die in Kraft traten, sofern aus den Urversammlungen in den Departements kein Einspruch von einer deutlichen Mehrheit erhoben wurde. An die Stelle des Monarchen sollte ein vom Konvent gewählter, 24 Mitglieder umfassender **Vollzugsrat** treten. Ihm kam bei Weitem nicht die exekutive Machtfülle zu, die der König besessen hatte, denn seine einzige Aufgabe bestand in der Aufsicht über die Verwaltung, um die Gesetze umzusetzen. Es galt das Prinzip der Volkssouveränität; die Position des **Staatsoberhauptes** blieb **un-**

besetzt. Die abermals vorangestellte Erklärung der Menschen- und Bürgerrechte war leicht modifiziert: Sie betonte die Bedeutung der Arbeit als Quelle des Erwerbs anstelle des vormals verwendeten abstrakten Eigentumsbegriffes, schrieb die öffentliche Unterstützung armer Bevölkerungsteile fest und verankerte das Ziel allgemeiner Schulbildung in der Verfassung.

Aus Sicht der Sansculotten hatte der wiederum bürgerlich geprägte Konvent damit die Gelegenheit vertan, wesentlich umfassendere Schritte zur Herstellung sozialer Gleichheit auf dem Wege der Umverteilung einzuleiten. Aber wie gesagt: Die neue Verfassungsarchitektur war und blieb in der kritischsten Phase der Revolution Theorie.

Die Etablierung der Jakobinerherrschaft

Mit den Eruptionen der Gewalt war zwar ein neues Machtgefüge in Paris entstanden, die Probleme waren aber keineswegs gelöst.

Offen war etwa, wie mit dem **abgesetzten und verhafteten König** zu verfahren sei. Die Girondisten traten dafür ein, Nachsicht walten zu lassen und es bei der Absetzung des Monarchen bewenden zu lassen. Doch die radikalen Kräfte im Konvent setzten sich durch. So wurde der Prozess gegen Ludwig XVI. nicht vor einem ordentlichen Gericht geführt, sondern der Konvent erklärte sich in dieser Frage für zuständig. Dies war bereits ein Hinweis darauf, dass die Frage nicht als juristische behandelt wurde und ein Hochverratsprozess im eigentlichen Sinne gar nicht stattfand. Vielmehr traf der Konvent eine **politische Entscheidung**.

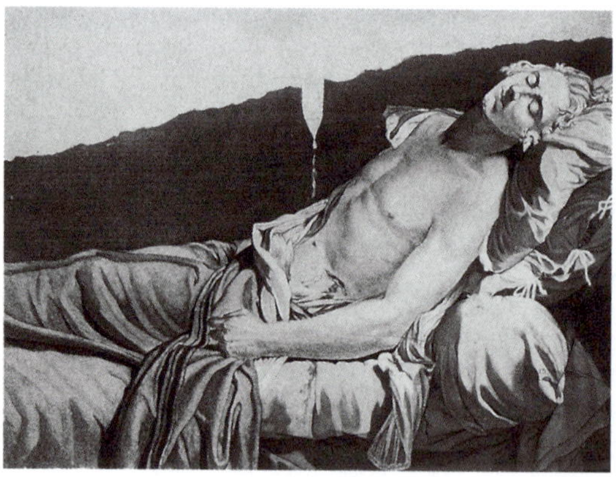

Die Verehrung der Märtyrer der Revolution bediente sich der Bildsprache christlicher Ikonographie. Das Bild des toten Abgeordneten Michel Lepeletier erinnert in Vielem an die Darstellungen der Kreuzesabnahme Jesu. Lepeletier war am Vorabend der Hinrichtung des Königs (20. 1. 1793) von einem Soldaten aus dessen Leibgarde ermordet worden,, nachdem er für den Tod Ludwigs gestimmt hatte.

In seiner berühmten Rede vom 3. 12. 1792 sprach Robespierre davon, dass mit dem **Todesurteil** gegen Ludwig eine „Maßnahme öffentlicher Wohlfahrt" getroffen werde. Nachdem Ludwig sich gegen sein Volk verschworen und offen gegen es gehandelt habe, sei dieses schließlich siegreich aus dem Kampf hervorgegangen. Ludwigs Tod sei eine Maßnahme, die politisch geboten sei, um weiteren Schaden von Frankreich abzuwenden. Vergeblich wandten gemäßigte Abgeordnete wie der in diesem Zusammenhang oft zitierte Romain de Sèze ein, dass die rechtliche Grundlage für eine Verurteilung fehle: Als König sei Ludwig laut Verfassung unverletzlich gewesen; nach seiner Absetzung habe er Anspruch auf seine Bürgerrechte, was darauf hinauslief, dass das Verfahren vor dem Konvent schlichtweg illegal sei. Geradezu idealtypisch prallten hier die Gedanken der liberalen ersten Phase der Revolution (de Sèze) und der radikalen Phase (Robespierre) aufeinander.

Das Todesurteil, das der Konvent mehrfach mit unterschiedlichen, jeweils knappen Mehrheiten fällte, wies den Weg in eine zukünftige Entwicklung, in der die Revolution abermals an Intensität gewinnen sollte. Als das Haupt Ludwigs XVI. am 21. 1. 1793 auf der Place de la Révolution (heute Place de la Concorde) unter der Guillotine fiel, war dies erst der Auftakt zu einer langen Kette weiterer Wirren.

Hinrichtung Ludwigs XVI. Dass es sich hierbei um ein dänisches Gemälde handelt, zeigt die Bedeutung des Ereignisses über die Grenzen Frankreichs hinaus.

Mit dem Ende Ludwigs und der Monarchie hatte sich die Kriegsnation Frankreich in eine **neue militärische Lage** manövriert. Zum einen entfiel jede Rücksicht auf den Monarchen, zum anderen galt seine Hinrichtung als eklatanter Rechtsbruch. Jetzt sah sich auch England veranlasst, in den Krieg einzutreten und tat dies Anfang Februar 1793. Ausschlaggebend hierfür war freilich auch die Angst der Briten, durch die französischen Erfolge auf der anderen Seite des Ärmelkanals in eine unvorteilhafte Situation zu geraten. Für die französische Wirtschaft bedeutete die einsetzende englische Blockade eine weitere Belastung. Sie schlug unmittelbar auf die innenpolitische Lage durch.

Vorerst indes beschloss der Konvent eine **Aushebung von 300 000 Mann** zur Verstärkung der Armee. Dieser Schritt ließ die Kluft zwischen der revolutionären Stimmung in Paris und den weniger radikalen ländlichen Gebieten zutage treten. Im März 1793 formierte sich in der **Vendée** der **offene Widerstand**. In ihm agierten alle gesellschaftlichen Gruppen, die vom bisherigen Revolutionsverlauf Nachteile erlitten hatten: Monarchisten, Aristokraten und in immer stärkerem Maße auch Girondisten. Er dauerte bis zum Jahresende und wurde unter großen Blutopfern von der Zentralgewalt niedergeschlagen.

Höhe- und Wendepunkt der Französischen Revolution: Die Notstandsdiktatur der Jakobiner

Über Paris, so schien es, braute sich somit von drei Seiten, innen- und außenpolitisch, das Verhängnis zusammen. Die Koalitionstruppen marschierten auf die Hauptstadt zu, in der Provinz begann der Bürgerkrieg, und die Sansculotten standen auf der Straße und forderten Brot. In dieser Situation ergriffen die Jakobiner das Heft des Handelns. Am 10. März 1793 forderte Danton vom Konvent die Institutionalisierung des Schreckens. Er meinte damit das radikale Vorgehen gegen alle Feinde der Revolution – nur geordnet, von Seiten des Staates, nicht noch einmal in einer neuen, unkontrollierten Orgie der Gewalt wie im August und September 1792 geschehen. Das Fehlen einer Exekutive gab dem Konvent die Chance, eine solche Politik zu realisieren: Zwar kam es einerseits zur Einrichtung eines **Revolutionstribunals** als zusätzlicher Judikative, das sich mit Fällen antirevolutionären Verrats beschäftigen sollte; entscheidend jedoch war, dass der Konvent mit dem am 6. April 1793 gegründeten **Wohlfahrtsausschuss** ein Gremium schuf, das eine **schlagkräftige Exekutive** bildete, die aus dem Konvent hervorging und seinen politischen Willen ausführte. Seine neun, später zwölf Mitglieder wurden monatlich vom Konvent neu gewählt bzw. im Amt bestätigt. Während man durch diese neue

Exekutive dem Protest der Straße die Spitze zu nehmen versuchte, folgte der Konvent ab sofort der Linie der Jakobiner und befriedigte zentrale Forderungen der Sansculotten, indem etwa am 4. Mai 1793 erstmals **Preisfestsetzungen** für Getreide eingeführt wurden (**Kleines Maximum**) und damit der erste Schritt zur Regulierung der Wirtschaft getan wurde.

Die Girondisten, die den Krieg glühend befürwortet hatten, verloren jetzt stark an politischem Einfluss. Durch die abermalige Wendung im Krieg waren sie ohnehin in der Defensive. Indem die Jakobiner sich zu Vertretern der Sansculotteninteressen aufwarfen, war ihre Position im Konvent unmittelbar bedroht. Vergeblich setzten sie sich abermals für ihre liberalen Wertvorstellungen von Handelsfreiheit und Parlamentarismus ein. Am 31. Mai und 2. Juni 1793 versammelten sich mehrere Tausend Sansculotten vor dem Konvent und forderten zunächst friedlich, im zweiten Anlauf dann unter Gewaltandrohung, erfolgreich die Auslieferung der Girondisten. Mit dieser häufig als **dritte Revolution** bezeichneten Gewaltaktion der Sansculotten schieden sie aus dem Konvent aus, wurden verhaftet und, sofern ihnen nicht zuvor die Flucht gelungen war, nach einem Prozess vor dem Revolutionstribunal im Oktober und November 1793 guillotiniert. Damit war das politische Feld für eine **Alleinherrschaft der Jakobiner** im Konvent bestellt. Von diesem Zeitpunkt an bis Ende Juli 1794 waren sie die Alleinverantwortlichen für die Politik des revolutionären Frankreich, das sie gegen alle Widrigkeiten durch die zahlreichen Bedrohungen leiteten: durch den **Bürgerkrieg** gegen die aufständischen Provinzen und Städte, durch die **Koalitionskriege**, durch die schwere **Versorgungskrise** und schließlich die **Sansculottenaufstände** in Paris.

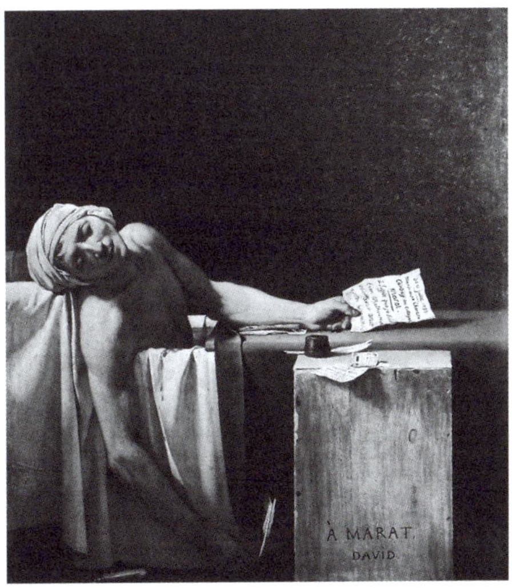

Jean-Jacques Davids berühmtes Gemälde des toten Marat stilisiert diesen ebenfalls in Gestalt der Pietà. Der hängende Arm erinnert an den vom Kreuz abgenommenen Jesus in mittelalterlichen und frühneuzeitlichen Darstellungen.
Neben Danton und Robespierre war Marat der bekannteste Jakobiner und einer der Protagonisten des Schreckens. Weil er unter einer schweren Hautkrankheit litt, verbrachte er die meiste Zeit in der Badewanne. Am 13.7.1793 wurde er von Charlotte Corday, einer Gegnerin der Revolution, im Bad erstochen. Corday wurde vier Tage später guillotiniert und zur Märtyrerin der Gegenrevolution aufgebaut.

Zunächst agierte der Wohlfahrtsausschuss noch zurückhaltend; Danton war hier die dominierende politische Persönlichkeit. Auch der Konvent arbeitete weiter wie bisher, wie die Verabschiedung der neuen Verfassung Ende Juni 1793 zeigt. Im Juli 1793 wurde Danton, der sich in den Flitterwochen befand und daher kurzfristig andere Prioritäten setzte, jedoch nicht wiedergewählt. Seit dem 27. 7. war Robespierre das führende Mitglied. Nun begann die Radikalisierung der Politik, die man unter dem Namen der **Terreur**, der **Schreckensherrschaft**, zusammenfasst. Faktisch handelte es sich um die **Notstandsdiktatur** einer kleinen Gruppe, die den geschrumpften Konvent als Meinungsführer dominierte. Sie tat dies so weit, dass der Konvent dem Wohlfahrtsausschuss im Oktober 1793 diktatorische Vollmachten zubilligte. Das Schreckliche seiner Herrschaft war die politische Verfolgung Andersdenkender, aber auch gewöhnlicher Verbrecher im Zeichen der staats- und revolutionsbedrohenden Krise. Deren Symbol und Instrument war die Guillotine, die bis Ende Juli 1794 mit steigender Frequenz in Anspruch genommen wurde. Insgesamt fielen den Revolutionstribunalen rund 16 000 Menschen zum Opfer. Nicht eingerechnet ist hier die um ein Vielfaches höhere Zahl der Bürgerkriegsopfer in den aufständischen Provinzen.

Um die Merkmale der Terreur zu beschreiben, seien hier verschiedene Handlungsfelder aufgeführt:

Mit der Gründung der Revolutionstribunale war der Weg für eine erleichterte juristische Verfolgung tatsächlicher oder vermeintlicher Gegner der jakobinischen Politik geschaffen. Der Politik war damit ein effizientes Mittel zur Verfolgung an die Hand gegeben. Im Laufe der Monate wurden diese Grundlagen erweitert. Nach abermaligen Sansculottenprotesten beschloss der Konvent im September 1793 das **Gesetz über die Verdächtigen**. Es definierte den Kreis zu inhaftierender potenzieller Revolutionsgegner denkbar unscharf und auslegbar. Hierzu zählten Anhänger der Monarchie, Emigranten, aber auch bereits Föderalisten, die die Einheit der Republik infrage stellten, sowie abgesetzte Beamte; gefordert wurde ferner der Nachweis aktiver Erfüllung der Bürgerpflichten. Besonders schwer war es für Adlige, sich dem Verdacht zu entziehen. Sie mussten „beständig ihre Verbundenheit mit der Revolution“ unter Beweis stellen. Dieses Gesetz wird als Beginn der **zweiten Phase der Terreur** angesehen, weil es der politischen und juristischen Willkür Tür und Tor öffnete. Das Gesetz über die Verdächtigen verdeutlicht exemplarisch das Verhältnis von Jakobinern und Sansculotten. Zwar griffen die Jakobiner die Forderungen der Sansculotten auf und gossen sie in Gesetze; ihre Grenze fanden die Sansculotten jedoch, sobald sie die Machtfrage stellten. Dann griffen Wohlfahrtsausschuss und Konvent radikal durch und enthaupteten die Bewegung, indem sie ihre Führer vor dem Revolutionstribunal aburteilen ließen. Dies zeigte sich beispielhaft an der Ausschaltung einer besonders radikalen Fraktion aus den Pariser Sektionen. Die **Enragés** (Wütenden) um Jacques Roux wurden im September 1793 entmachtet und auf die Guillotine geführt. Der Wohlfahrtsausschuss hielt das Ruder stets fest in der Hand.

Verschärft wurde im Oktober 1793 ferner die **Prozessordnung**. Da die Angeklagten oftmals brillante Anwälte ihrer eigenen Sache waren und sich die Prozesse vor dem Revolutionstribunal in die Länge zogen, bekamen dessen Angehörige das Recht, sich nach einer Prozessdauer von drei Tagen für hinreichend unterrichtet zu erklären, um das Verfahren abzukürzen. Dies erhöhte die Zahl der Verfahren beträchtlich. Eine weitere Verschärfung erfuhr der Terror mit dem **Gesetz vom 10. Juni 1794**, das die Zahl der Verbrechen, für die das Revolutionstribunal zuständig war, nochmals erheblich erweiterte. Als Strafe wurde die Todesstrafe festgeschrieben. Alle noch bestehenden Rechtsgarantien wurden aufgehoben; die Definition der Straftatbestände war jetzt so unklar, dass das Gesetz faktisch die **willkürliche Ermordung politischer Gegner** ermöglichte. Mehr als 1 200 Todesurteile in den folgenden sechs Wochen markierten den Höhepunkt der Terreur, auf den ihr jähes Ende folgen sollte.

Der bekannte Stich zeigt den Revolutionsausschuss einer Pariser Sektion zur Zeit der Schreckensherrschaft. Die ausladenden Gesten der betrunkenen Sansculotten kontrastiert die furchtsame Demut der vorgeladenen bürgerlichen Familie links im Bild.

Zwar war der Einflussbereich der Konventsregierung im Sommer 1793 sehr begrenzt. In den meisten Randprovinzen Frankreichs, in der Normandie, Bretagne, Vendée, rund um Lyon, aber auch im gesamten Süden, in den Gebieten also, die aufgrund ihrer Randlage bisher von den revolutionären Ereignissen kaum betroffen waren, tobten gegenrevolutionäre Aufstände. Im Norden standen die Truppen der Kriegskoalition tief auf französischem Gebiet. Doch das unter dem Einfluss des revolutionären Paris stehende Frankreich, rund ein Drittel des Landes, wurde jetzt **Kriegsnation**. Die **Levée en masse** war die Geburt der Allgemeinen Wehrpflicht in Europa. Sie ging aber noch darüber hinaus, denn verkündet wurde nichts weniger als die militärische Mobilisierung der gesamten Nation. Dies schuf der französischen Armee einen entscheidenden Vorteil gegenüber den alten Söldnerheeren ihrer Kriegsgegner.

Am Beispiel der Levée en masse lässt sich erkennen, wie es dem Wohlfahrtsausschuss gelang, die aus den Pariser Sektionen an den Konvent herangetragene Forderung nach allgemeinem Aufruhr gegen die Feinde der Revolution zu kanalisieren und zu organisieren. Aus einer diffusen, nicht zuletzt aus der Furcht entstandenen Forderung, die der Stimmung des Augenblicks entsprungen war, formte der Wohlfahrtsausschuss ein hocheffizientes, gut organisiertes Volksheer, das die Ideen der Revolution innen- wie außenpolitisch auf die Siegerstraße zurückbrachte.

Neben die längst vorhandene **Motivation der Soldaten**, die für die Sache ihrer eigenen Nation kämpften, trat jetzt die Unterstützung einer zentralistisch gelenkten Kriegswirtschaft. Zugleich rückte damit die **Bekämpfung der Aufstandsbewegung in den Provinzen** ins Zentrum. Seit der Verhaftung der Girondisten hatten die Aufstände noch an Kraft zugenommen und zeitweise waren rund zwei Drittel der Fläche Frankreichs nicht unter Kontrolle der Pariser Regierung. Die Niederschlagung des Aufstandes, besonders in der Vendée, aber auch in anderen Provinzen Südfrankreichs, wurde jetzt mit der Rücksichtslosigkeit vollzogen, die der Terreur im Allgemeinen eigen war. Regierungstreue Truppen eroberten Stadt für Stadt und Provinz für Provinz zurück und hielten dort schreckliche Strafgerichte ab.

Dienten die Verschärfung der Rechtsgrundlagen sowie die außerordentliche Verstärkung der Armee der Bekämpfung der Feinde von Republik und Revolution, so führten die Jakobiner parallel dazu auch das revolutionäre Werk selbst fort. In der Zeit der Schreckensherrschaft stießen die Jakobiner sozial- und wirtschaftspolitisch eine Reihe von Gesetzen an, mit denen sie Frankreich nach ihren Vorstellungen veränderten. Im Juni und Juli 1793 besiegelten drei Gesetze das **Ende der Feudalordnung auf dem Land**, mit der sich die Nationalversammlung im Anfangsstadium der Revolution so schwer getan hatte. Zunächst wurden am 3. Juni die Güter der Emigranten zum Verkauf angeboten und deren Erwerb durch lange Zahlungsfristen erleichtert. Eine Woche später wurde die Aufteilung der Allmende, des gemeinschaftlich genutzten Gemeindelandes der Dorfgemeinschaft, an die beteiligten Bauern beschlossen. Am 17. Juli schließlich wurden alle noch bestehenden **Herrenrechte** ersatzlos **abgeschafft**. Hier kamen die Jakobiner den Interessen der Bauern so weit entgegen, dass sich die kleinbäuerlichen Verhältnisse auf dem Lande stabilisierten. So fortschrittlich und revolutionär diese Maßnahmen für den Moment sein mochten, hatten sie langfristig belastende Folgen für die Wirtschaft Frankreichs. Sie konservierten die Dominanz kleinbürgerlicher Besitzverhältnisse und trugen dazu bei, dass der ländliche Raum Frankreichs für lange Zeit rückständig blieb.

Doch auch für die Stadtbevölkerung und ihre Unterstützer, die Sansculotten, sorgten die Jakobiner. Mit einem **Gesetz zur Unterdrückung des wucherischen Aufkaufs**, das anordnete, Lebensmittel und andere Waren täglich zum Verkauf anzubieten, kam man den Forderungen der Sansculotten Ende Juli 1793 weit entgegen. Ende September schließlich wurde das sogenannte **Große Maximum** verabschiedet. Es setzte die Preise für zahlreiche Güter und Lebensmittel fest (und ging damit über das Kleine Maximum vom Mai 1793 hinaus), stellte zusätzlich aber auch Höchstlöhne in Aussicht, um den Gleichheitsforderungen der Sansculotten entgegenzukommen. Dass Letzteres indes vor allem ein taktischer Schachzug war, zeigt die langsame Umsetzung der konkreten Tarife, die sich bis zum Februar (Preise) bzw. sogar bis zum Juli 1794 (Löhne) hinzog. Hierin wird deutlich, dass die Jakobiner ihre bürgerliche Herkunft nicht verleugnen konnten und sich die Anliegen der Sansculotten keineswegs unreflektiert zu eigen machten. Ihre Bereitschaft zu einer umfassenden **Zwangsbewirtschaftung** im Zeichen der Krise sicherte ihnen jedoch die Unterstützung der Sansculotten bis zum Ende hin. Verstöße gegen das Maximum waren todeswürdig im Sinne der Schreckensgesetzgebung und einer der Hauptgründe für Todesurteile. Die **Einführung der allgemeinen Schulpflicht** im Dezember 1793 indes dokumentierte noch einmal die aufklärerische Herkunft der gesamten Bewegung.

Auch innerhalb des Jakobinerklubs setzten sich die Rivalitäten fort. Am Ende eines Kampfes verschiedener Fraktionen setzte sich jeweils die Gruppe um Robespierre durch und ließ mithilfe der Terrorgesetzgebung konkurrierende Gruppen ausschalten. Dies betraf sowohl die äußerst sozialrevolutionären **Hébertisten**, die nicht nur die soziale Revolution vorantreiben wollten, sondern darüber hinaus eine radikale Entchristlichung der Gesellschaft anstrebten, als auch die Gruppe der „Nachsichtigen“ **(Indulgents)** um Danton,

Maximilien de Robespierre (1758–1794)

dem ein Korruptionsvorwurf gemacht wurde. Beide Lager mussten nach ihrer Verurteilung im Revolutionstribunal im März bzw. April 1794 den Gang aufs Schafott antreten.

Je länger der Terror dauerte, desto mehr lief alles auf Maximilien de **Robespierre** hinaus. Der scheue, asketische Jurist aus der nordfranzösischen Stadt Arras war als Abgeordneter der Generalstände 1789 nach Paris gekommen und hatte seine politische Heimat im Jakobinerklub gefunden. Von bemerkenswertem Verstand erlangte er durch seine zwar vorformulierten, aber in ihrer analytischen Schärfe bestechenden Reden alsbald große Bekanntheit. Nachdem er bereits im Prozess gegen Ludwig XVI. große Auftritte vor dem Konvent gehabt hatte, wählte ihn dieser im Juli 1793 in den Wohlfahrtsausschuss, dessen intellektuelles Zentrum und politischer Führer er fortan sein sollte. In den großen Konventsreden vom 25. 12. 1793 und 5. 2. 1794 legte er seine politischen Überzeugungen dar. Sie sind so etwas wie die Theorie des Terrors und entspringen doch einem tiefen Vertrauen in die grundsätzliche Tugendhaftigkeit des (einfachen) Volkes, mit dem er sich in seinen politischen Zielen verbunden fühlte. Seine Ziele waren die der Revolution: Frieden, Freiheit und Gleichheit für alle. Das Besondere daran war allerdings, dass er mit großer Konsequenz bereit war, diese hehren Ziele vorläufig außer Kraft zu setzen, um am Ende dahin zu gelangen. So zeigte sich Robespierre schon anlässlich der Verurteilung Ludwigs in der Wahl der Mittel nicht zimperlich. Alles, was sich dem Ziel einer egalitären, freien Gesellschaft entgegenstellte, war zu vernichten und sollte dem Terror anheimfallen. Es sei das Wesen der **revolutionären Regierung**, die Demokratie dort aktiv zu vollenden, wo die konstitutionelle Regierung in der ersten Phase der Revolution nur die individuellen Freiheitsrechte geschützt habe.

Robespierre gehört zu den schillerndsten und umstrittensten Gestalten der europäischen Geschichte. Lässt sich einerseits in seinem Denken eine klare Bezugnahme auf die Staatsphilosophie Rousseaus erkennen, da der Terror ja nichts anderes unternähme, als den Allgemeinen Willen zu verwirklichen, so zeigt eine nähere Analyse, dass er zeit seines politischen Wirkens zugleich ein raffinierter Taktiker war, der seine Positionen geschmeidig an der jeweiligen aktuellen politischen Situation auszurichten vermochte. Allein sein Auftreten – er blieb etwa zeitlebens dem Kleidungsstil des Ancien Régime verbunden – zeigt indes seine Zugehörigkeit zum bürgerlichen Lager. Wie so viele Protagonisten der Französischen Revolution starb er jung, mit 36 Jahren, und hat doch seinen Platz in der europäischen Geschichte sicher.

„Robespierre guillotiniert den Henker, nachdem dieser alle Franzosen guillotiniert hat"; Kupferstich, 1794.

Die Terreur war – wie bereits angedeutet – enorm effizient. Der äußere Feind wurde schnell zurückgeschlagen, der Aufstand in der Vendée rücksichtslos bekämpft, die Sansculotten erfolgreich kontrolliert. Zu Beginn des Jahres 1794 hatte sich die Lage in Frankreich merklich entspannt. Dennoch hielten die Jakobiner um Robespierre weiter am Terror fest. Mangels faktischer Notwendigkeiten nahm der Schrecken jedoch mehr und mehr die Züge einer ideologischen Waffe zum Selbsterhalt der jakobinischen Macht an. Zugleich gewann er Züge von Entrücktheit. Sie äußerten sich im **Fest des Höchsten Wesens**, in dem sich Robespierre am 8. Juni 1794 als Hohepriester eines neuen religiösen Kultes inszenierte. Die Eskalation des Terrors in seiner letzten Phase im Juni/Juli 1794 läutete zugleich sein Ende ein. Nach dem Gesetz vom 10. Juni 1794 konnte sich niemand mehr vor dem Zugriff des Revolutionstribunals sicher fühlen. Sogar die Militärführer, die in der Provinz Blutbäder im Namen der Revolution angerichtet hatten, fürchteten nun um ihr Leben. Der Konvent zitterte vor Robespierre und seinen Häschern – und stürzte ihn schließlich am **9. Thermidor**, dem 27. Juli 1794, in einem Tumult. Am darauffolgenden Tag starben Robespierre und seine Getreuen unter derselben Guillotine, der sie so viele ihrer Gegner ausgeliefert hatten.

Der Schrecken hatte sein Werk getan. Er hatte Frankreich zwar verwüstet, aber auch gerettet. Politische Effizienz im Dienste der Revolution um den Preis der Aufhebung gerade errungener Freiheitsrechte – hierin besteht das Paradoxon dieser rund 15 Monate. Darin liegt zugleich die Problematik eines historischen Urteils begründet, das dementsprechend zwiespältig ausfällt.

Exkurs: Die Französische Revolution als Gegenstand des Geschichtsunterrichts

Man kann die Geschichte der Schreckensherrschaft auf verschiedene Art und Weise erzählen: In einer vordergründigen, unhistorisch-psychologischen Betrachtungsweise handelt es sich erstens um den erfolgreichen **Aufstieg einer kleinen Gruppe** radikaler Jakobiner zur Macht. Geistesgeschichtlich markiert sie zweitens eine erste Ausprägung der sogenannten **Dialektik der Aufklärung** (Horkheimer/Adorno): Die Realisierung der Forderungen der Aufklärung schützt diese nicht davor, in ihr Gegenteil umzuschlagen und die Zustände, die sie überwinden wollte, in verschärfter Form wieder hervorzubringen. Eine dritte, sozialgeschichtliche Sicht könnte die Schreckensherrschaft als extreme Lösungsvariante des Problems interpretieren, die aufbrechenden sozialen **Konflikte einer** von der Revolution freigesetzten **pluralistischen Gesellschaft** unter Kontrolle zu bringen. Es spricht viertens aber auch nichts dagegen, die Schreckensherrschaft als **Reaktion auf das Kriegsgeschehen** zu verstehen, sie also außenpolitisch zu erklären: Im Zeichen einer existentiellen Bedrohung ergreift ein Staat außergewöhnliche Maßnahmen zur Sicherung seines Bestehens.

Warum spielt – fünftens – der französische **Bürgerkrieg** von 1793–1795 in der für die Schule aufbereiteten Revolutionsgeschichte zumeist eine Nebenrolle? In den Provinzen war die Anzahl der Opfer des Bürgerkrieges viel höher als in Paris. Die Vendée etwa wurde komplett zerstört. Dies schuf namenloses Leid, das in den meisten Revolutionsdarstellungen aber nur am Rande vorkommt. Denkbar wäre insofern auch eine Geschichte, die den Bürgerkrieg im Rahmen eines **Längsschnitts des Konfliktes von Zentralismus und Föderalismus** verortet, der die französische Geschichte seit Jahrhunderten beschäftigte, also die Entstehung des modernen Staates betrifft. Im Revolutionsgeschehen seit 1790 und besonders im Bürgerkrieg spielte sechstens der Konflikt zwischen eidverweigernden und verfassungstreuen Priestern eine große Rolle. Wäre dieser Umstand es nicht wert, nach Parallelen zu den konfessionellen Konflikten der vergangenen Jahrhunderte zu forschen, sie also als späten, aufklärerisch überformten **Ausläufer der Epoche des Konfessionalismus,** als die man die Frühe Neuzeit bisweilen auch bezeichnet, zu betrachten?

„Der Schlaf/Traum der Vernunft gebiert Monster“ ist eine der bekanntesten Radierungen von Francisco de Goya (1746–1828). Sie wurde 1799 veröffentlicht und problematisiert die Auswirkungen der Aufklärung: Ist es die Abwesenheit von Vernunft, die Albwesen erzeugt, oder ist es die Träumerei des vernunftbegabten Menschen, die sie entstehen lässt? Diese Frage bleibt hier bezeichnend offen, was nach den Erfahrungen der Terreur vielleicht verständlich war.

Welchen Akzent man bei der Darstellung der überaus komplexen Zusammenhänge setzt, hängt von der Perspektive des Betrachters, d. h. von der Auswahl der Quellen und den Fragen, ab, mit denen an die vorhandenen Quellen herantritt. Beispielhaft lässt sich daran zeigen, dass es „die“ Geschichte eben nicht gibt. Dies heißt im Umkehrschluss aber nicht, dass Geschichte beliebig wäre: Entscheidend für die Triftigkeit historischer Erklärungen ist ausschließlich die Qualität der Begründung. Alle fachlich korrekt erzählten Geschichten formen dann einen Kosmos plausibler Darstellungen, ohne dass Aussicht bestände, dass dieser Forschungs- und Darstellungsprozess jemals abgeschlossen wäre. Hierin liegt einerseits der (für Schülerinnen und Schüler gelegentlich unbefriedigende) Reiz, andererseits aber auch der intellektuelle **Anspruch historischer Kulturwissenschaft**. Diese Erkenntnis zu vermitteln, ist eine wichtige Aufgabe des Geschichtsunterrichts in der Oberstufe.

Nach dem 9. Thermidor: Das Direktorium

Robespierre und seine Gefolgsleute waren durch ein Bündnis von Konventsabgeordneten gestürzt worden, die sich einig in dem Ziel waren, die Schreckensherrschaft zu beenden. Man bezeichnet sie als **Thermidorianer**. Dem entsprach allerdings kein einheitlicher positiver Gestaltungswille. Die folgenden Jahre unterschieden sich daher von dem bisherigen Revolutionsverlauf dadurch, dass den Zeiten der permanenten Eskalation und Radikalisierung in verfassungspolitischer wie gesellschaftlicher Hinsicht keine Weiterentwicklung auf etwas Neues, bisher noch nie Dagewesenes folgte, indem etwa ein neuer Verfassungstyp eingeführt wurde oder eine bislang unbeteiligte Gesellschaftsschicht auf der Bühne erschien. Wollte man es vereinfacht sagen, so fiel Frankreich jetzt zurück in den großbürgerlichen Liberalismus der ersten Konstitution. Die Fieberkurve der Revolution sank; dennoch war das, was folgte, keine Rückkehr zu alten Zuständen, sondern es baute auf den Erfahrungen der Jakobinerdiktatur auf. Deshalb muss auch die vermeintlich ruhigere Phase von 1794–1799, die man als die des **Direktoriums** bezeichnet, dargestellt werden.

Die Modeexzesse nach dem Ende des Terrors nahm der Maler Charles Vernet 1795 aufs Korn: Les Incroyables,.

Mit dem Wegfall der akuten Lebensgefahr durch Robespierres tugendfixierte Schergen erwachte in Paris das **bürgerliche Leben** wieder. Es entfaltete sich jene differenzierte Bürgerkultur, die schon in den Jahrzehnten vor 1789 entstanden war. Jetzt fand sie wieder Gelegenheit, sich frei zu zeigen. Etliche Bürger hatten von Revolution und Revolutionskriegen profitiert und waren reich geworden. Viele waren Gewinner der Assignateninflation, indem sie frühzeitig in Sachwerte investiert hatten. Die Presse erschien in vielfältigen Abstufungen, Theater und Opern eröffneten neu; es schien, als sei eine große Last abgefallen. Die **jeunesse dorée**, Jugendliche aus wohlhabenden Familien, übte gewalttätige Rache an Jakobinern und entfaltete damit einen gegenrevolutionären, sogenannten **Weißen Terror**.

Die Direktorialverfassung von 1795

Zugleich trat die Heterogenität des politischen Lebens jetzt wieder voll hervor. Die übrig gebliebenen Girondisten erschienen im Dezember 1794 erneut im Konvent, Konstitutionalisten, ja sogar Royalisten griffen wieder ins politische Geschehen ein. Im Konvent setzte sich nach den Erfahrungen von 1793/94 die Auffassung durch, dass eine Herrschaft, die sich einseitig auf die Volksmassen stützte, keine Zukunft mehr haben könne. Diese Überzeugung war im Grunde immer Allgemeingut der Aufklärer gewesen, den taktischen Finessen der Jakobiner und Robespierres radikaler Theorie jedoch zum Opfer gefallen. Sie schlug sich in der neuen Verfassung vom September 1795 nieder. Diese wies Parallelen zu der von 1791 auf, indem sie die **Gewaltenteilung** wieder verstärkte und zu einem abgestuften **Zensuswahlrecht** zurückkehrte. Zwar war die Zahl der Wahlberechtigten nach wie vor hoch – sie sank von sieben Millionen unter dem Allgemeinen Wahlrecht auf fünf Millionen –, für das passive Wahlrecht lag der Zensus jedoch höher; dies sicherte erneut die **Vorherrschaft des Besitzbürgertums**. Legislative und Exekutive wurden vor dem Hintergrund der Erfahrungen der Jakobinerherrschaft umgeformt. Erstmals wurde der Konvent jetzt als **Zwei-Kammer-Parlament** konzipiert. Neben den **Rat der 500**, das eigentliche Parlament, dem die Gesetzesinitiative zukam, trat ein aus 250 Abgeordneten bestehender **Rat der Alten**, der die Gesetze beschloss. Seine Angehörigen mussten ein Mindestalter von 40 Jahren haben, während man mit 30 Jahren in den Rat der 500 gewählt werden konnte. Mit diesem Kunstgriff, der sich an den Parlamenten in England und den USA orientierte, hoffte man, die einseitige Machtfülle eines einzigen Verfassungsorgans vermeiden zu können. Die Heraufsetzung des Mindestalters sollte dazu beitragen, die großenteils jungen Protagonisten der bisherigen Revolution auszuschließen. Um radikale Veränderungen zu verhindern, wurde **jährlich ein Drittel** der Abgeordneten beider Kammern **neu gewählt**. Auch die Exekutive wurde kollegial besetzt. Vom Rat der 500 vorgeschlagen und vom Rat der Alten gewählt, sollten **fünf Direktoren** die Regierung bilden, wobei auch hier jährlich ein Direktor neu zu wählen war. Die Bürgerrechte, die man in sozialpolitischer Absicht in die Verfassung von 1793 aufgenommen hatte, wurden wieder gestrichen. Es gab auch kein Recht auf Widerstand mehr; ebenso fehlte die Versammlungsfreiheit. Demgegenüber fand sich jetzt ein **Katalog an Bürgerpflichten**.

Man erkennt in dieser Verfassung die defensive Absicht und den Willen, die Republik nicht aufs Neue in Extreme abgleiten zu lassen. Die Instrumente des Terrors wurden ebenfalls nach und nach abgeschafft: Im November 1794 hatte der Konvent den Jakobinerklub schließen lassen. Mit der Wahl des neuen Konvents wurden Revolutionstribunal und Wohlfahrtsausschuss im Oktober 1795 aufgelöst.

Die Direktorialverfassung

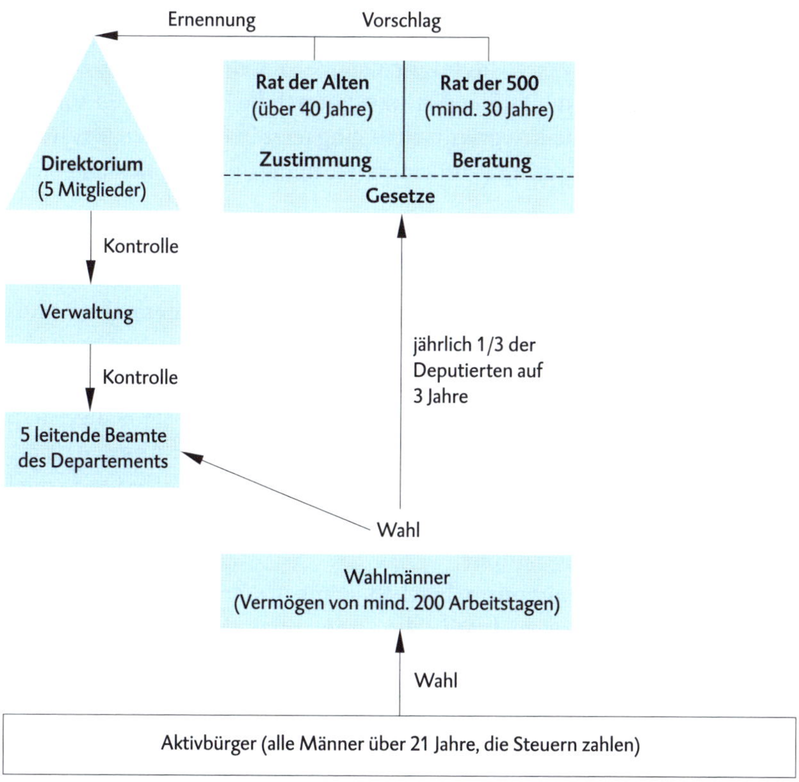

Soziale Konflikte zur Zeit des Direktoriums

Mit der Einführung der neuen Verfassung setzten sich erwartungsgemäß wieder **liberale Grundpositionen** durch. Die Zwangswirtschaft, mit der die Jakobiner die Revolution auf Kurs gehalten hatten, wurde abgeschafft. Das Preismaximum war bereits im Dezember 1794 aufgehoben worden. Dies ließ den Kurs der Assignaten ins Bodenlose fallen. Handel und Spekulation begannen erneut zu blühen; das Recht auf Eigentum und Sicherheit sowie die **Wirtschaftsfreiheit** standen jetzt wieder im Vordergrund. Dies nutzte naturgemäß dem Großbürgertum, aber auch den Bauern, die sich erneut auf das Horten knapper Waren verlegten, während die daraus entstehende Versorgungskrise das Kleinbürgertum in neues Elend stürzte, zumal die Ernten 1794 und 1795 schlecht waren. Auch die Kriegswirtschaft ging jetzt in die Hände privater Produzenten über. Für zahlreiche Fabrikanten schuf dies die Möglichkeit, sich am Krieg zu bereichern.

Vor diesem Hintergrund muss es nicht verwundern, dass die Pariser **Sansculotten** sich erneut zu Wort meldeten. Sie taten dies zweimal, im April und im Mai 1795 (**Germinal- und Prairial-Aufstand**), nach dem alten Muster: Wie schon 1793 umzingelten und besetzten sie die Legislative und versuchten, die Abgeordneten zur Umsetzung ihrer politischen Forderungen, Brot und die Verfassung von 1793, zu zwingen. Doch diesmal besaßen sie keine Fürsprecher mehr unter den Parlamentariern. Der Konvent blieb auf Abstand, ja er rief ihm ergebene Truppen herbei, die den Aufstand der Sansculotten blutig niederschlugen. Es war das letzte Auftreten der Sansculotten in ihrer bekannten Gestalt auf der politischen Bühne.

Für das Pariser Kleinbürgertum brachen jetzt harte Zeiten an. Ohne Fürsprecher im Konvent, ohne sozialpolitische Unterstützung war seine Lage schon ernst genug. Als dann auch noch das Ende der Assignatenwirtschaft eingeläutet wurde, was zu einer enormen Geldverknappung (Deflation) führte, schien die Spirale der Verelendung kein Ende nehmen zu wollen. Vielleicht kam daher ein letzter Aufstandsversuch nicht von ungefähr: Die **„Verschwörung der Gleichen“** unter der Leitung von François-Noël „Gracchus“ **Babeuf** 1796 trieb die gesellschaftspolitische Linie, die von dem jakobinischen Gesellschaftsmodell kleiner Eigentümer über die Forderung nach einseitiger Unterstützung der Unterschicht bei den Sansculotten verlief, auf die Spitze: Indem sein Programm die Aufhebung des Eigentums forderte, propagierte Babeuf **eine Art Kommunismus**. Von dem Gedankengut des Marxismus unterschied sich dieser allerdings dadurch, dass er nicht auf der Grundlage der Industrie-, sondern der Agrargesellschaft entwickelt wurde. Damit machte er sich die Umverteilungsforderungen der Sansculotten zu eigen und radikalisierte sie, indem er forderte, dass Grund und Boden allen gehören sollten. Wer mehr besitze, als er zu seiner Ernährung brauche, begehe einen Diebstahl an der Gesellschaft. Babeuf wurde im Mai 1796 verhaftet und im folgenden Jahr hingerichtet.

Verglichen mit der ersten war diese zweite Variante großbürgerlicher Dominanz im revolutionären Frankreich permanent gefährdet. Die Angreifer kamen wie gesehen von links, seit dem Ende der unnachsichtigen Verfolgung aber auch von rechts, vor allem aus der Provinz. Im Juni 1795 landeten royalistische Truppen mit englischer Unterstützung in der Bretagne und wurden besiegt. Im Oktober 1795 funktionalisierten Royalisten einige Pariser Sektionen in ihrem Sinne. Das Militär schlug den Aufstand nieder, die Zahl der Opfer dieses sogenannten **Vendémiaire-Aufstandes** in Paris lag zwischen 2 000 und 3 000. Es zeigte sich, dass sich die politische Landschaft seit der Einführung der Republik 1792 weiter ausdifferenziert hatte. Zwischen 1789 und 1792 war das Großbürgertum die Avantgarde gewesen. Ihm fiel die Vorreiterrolle in der Logik der aufklärerischen Theorien gleichsam natürlich zu. Die Jakobinerherrschaft hatte dann auch Kleinbürger und Unterschichten ins politische Geschehen miteinbezogen. Nach dem Wegfall der akuten Bedrohung durch den Terror hielt dann auch die politische Rechte die Zeit für gekommen, ihre Ansprüche geltend zu machen. Die Privilegierung der Bourgeoisie in der Direktorialverfassung von 1795 war daher keine Selbstverständlichkeit mehr, sondern sie wurde permanent attackiert. Zur erwünschten Ruhe und Stabilität kam es daher nicht. Nicht einmal die Wahlen fielen beruhigend aus. Mehrfach sahen sich die Direktoren gezwungen, Wahlergebnisse zu annullieren, um eine Rückkehr von Royalisten oder Jakobinern an die Spitze des Konvents zu verhindern. Ihre gegenüber der Legislative betont autonome Stellung ganz im Sinne der klassischen Gewaltenteilung erleichterte ihnen dieses Vorgehen. **Staatsstreiche** des Direktoriums sowohl gegen rechts als auch links wurden zu einem Mittel der Politik, um ein Mindestmaß an politischer Stabilität aufrechtzuerhalten. Zu diesem Zweck wurde gegen die Verfassung verstoßen. Dies führte zu einer Stärkung der Exekutive.

Der politische Aufstieg des Militärs – Napoleon Bonaparte

Die Niederschlagung der zahlreichen Aufstandsversuche von Sansculotten einer- und Royalisten andererseits führte dazu, dass der **Bürgerkrieg** in Frankreich, der mit dem Vendée-Aufstand im Frühjahr 1793 begonnen hatte, um die Jahreswende 1795/96 **beendet** wurde. Zugleich war damit ein weiterer politischer Machtfaktor hinzugekommen: Mit dem Auftreten des Militärs auf der innenpolitischen Bühne war vielleicht die entscheidendste, folgenreichste Neuerung dieser Jahre benannt. Aus der **Levée en masse** hervorgegangen, handelte es sich um ein wahres **Volksheer**, das bürgerlichen Talenten einen rasanten Aufstieg ermöglichte und weniger denn je auf alte Eliten angewiesen war. Fähigkeit und persönlicher Ehrgeiz der neuen Generäle waren neben der hohen Motivation der Soldaten ein Grund für deren große **militärische Erfolge** gewesen; wenn dieser **Ehrgeiz** indes auf politischen Einfluss abzielte, konnte es für die Republik gefährlich werden. So selbstbewusst das reiche Bürgertum jetzt wieder gegenüber den hungrigen Massen auftreten konnte – gegenüber den mächtigen Generälen und ihren ihnen treu ergebenen Soldaten fehlten ihm die Machtmittel.

Die Gefahr wuchs durch den Umstand, dass die großbürgerliche Führungsschicht angesichts der nach wie vor unbefriedigenden Lage im Inneren auf den **Nationalismus als Integrationsideologie** setzte, der die vielen Missstände überdecken sollte. Hier nahm man die girondistische Kriegseuphorie des Sommers 1792 wieder auf, setzte an die Stelle der vormaligen Freiheitseuphorie jedoch ein nüchternes Nutzenkalkül. Die zahlreichen Siege der französischen Armeen seit der großen Krise 1793 wurden im Lande begeistert bejubelt. Andererseits versuchten dieselben Kreise, die Totalisierung des Krieges zurückzuführen und die Armee wieder aus dem politischen und gesellschaftlichen Zentrum zu entfernen. Das entfremdete sie dem Staat. Die wirtschaftlichen Zwangsmaßnahmen, mithilfe derer die Jakobiner es 1793/94 geschafft hatten, die akute außenpolitische Bedrohung von Frankreich zu nehmen, wurden zurückgefahren, die staatliche Rüstungsproduktion im Sinne des Großbürgertums privatisiert. Das Wohl der Armee stand jetzt nicht mehr im Zentrum der Politik. Führende Militärs fürchteten daher zu Recht um ihre Bedeutung und begannen nun selbst, aktiv politischen Einfluss anzustreben.

Zu ihnen gehörte der Korse **Napoleon Bonaparte** (1769–1821), der im Militär eine steile Karriere absolviert und dabei zumeist auf Seiten der Jakobiner gekämpft hatte. 1793 hatte er bei der Rückeroberung Toulons durch die jakobinischen Truppen die Artillerie befehligt und war daraufhin zum General ernannt worden. Der Sturz Robespierres hatte seiner Karriere vorerst ein Ende gesetzt; aber bereits im Oktober 1795 war er als Kommandeur an der blutigen Niederschlagung des royalistischen Aufstandes in Paris beteiligt. Bonaparte gehörte also zu den oben beschriebenen Karrieristen, die im leistungsbezogen neuen Volksheer Ruhm und Ansehen erworben hatten und nun wenig Neigung verspürten, dieses Spielfeld zu verlassen.

Antoine-Jean Gros: Bonaparte auf der Brücke von Arcole; Gemälde aus dem Jahr 1801.

Die Zeichen für eine Fortsetzung des **französischen Expansionismus** standen günstig: Die erste Koalition war zerfallen, denn Preußen hatte im April 1795 mit Frankreich den **Separatfrieden von Basel** geschlossen. Preußen schied aus der Koalition aus und verzichtete auf seine linksrheinischen Besitzungen. Frankreich hatte damit sein Ziel der **„natürlichen Grenzen“**, das Danton bereits 1793 in die Debatte geworfen hatte, teilweise erreicht. Neben England verblieb vor allem Österreich als Kriegsgegner. Anfang 1796 erhielt Bonaparte das Kommando für einen gegen Österreich gerichteten Italienfeldzug. Damit überschritt Frankreich allerdings die außenpolitische Doktrin der natürlichen Grenzen und griff auf Gebiete jenseits der Alpen aus. In den folgenden Monaten zog seine Armee siegreich durch Norditalien und schlug den Weg nach Wien ein, bis Österreich sich im **Frieden von Campo Formio** (17. 10. 1797) gezwungen sah, die Abtretung der linksrheinischen Gebiete an Frankreich sowie die staatliche Neuordnung Italiens anzuerkennen.

Der Fructidor-Staatsstreich am 4. September 1797: General Augereau lässt royalistische Abgeordnete in den Tuilerien verhaften; zeitgenössische Darstellung.

Der erste Koalitionskrieg war damit siegreich beendet. Östlich des französischen Staatsgebietes entstanden von der Nordseeküste bis nach Süditalien zahlreiche sogenannte **Schwesterrepubliken**, die allerdings völlig von Frankreich kontrolliert wurden. Maßgebend war vonseiten Frankreichs nun nicht mehr der Wille, den unterworfenen Völkern die Freiheit zu bringen. Stattdessen dienten diese Kleinstaaten vor allem der Sanierung der französischen Staatsfinanzen und dem Unterhalt der Armee. Dementsprechend wurden sie **ausgebeutet**.

Sensibel beobachtete Bonaparte die innenpolitische Lage in Frankreich. Als die Royalisten im Sommer 1797 einen Wahlsieg erzielten und zur dominierenden Fraktion im Konvent aufstiegen, sah er darin eine Gefahr für seine Lebensleistung. Im Anschluss an eine umfangreiche Kampagne gegen die Royalisten griffen Napoleons Soldaten am 4. September 1797 aufseiten des republikanisch dominierten Direktoriums ein und vertrieben die royalistischen Kräfte aus dem Konvent **(Fructidor-Staatsstreich)**. Diese politische Linksverschiebung bedeutete insofern eine neue Qualität des militärischen Eingreifens, als reguläre Truppen hier erstmals gegen die verfassungsmäßige Gewalt vorgegangen waren, während sie sich vorher stets in ihren Dienst gestellt hatten.
Die Entwicklung lief somit auf das **Erstarken des Militärs** und insbesondere Bonapartes hinaus: Das Direktorium benötigte seine Siege zur Aufrechterhaltung einer positiven Stimmung; ihm fehlten zugleich die Möglichkeiten, politisch auf Bonaparte Einfluss zu nehmen. Das nutzte dieser, indem er in den eroberten Ländern seinerseits politisch tätig wurde und freiheitliche Verfassungen erließ. Getragen wurde er dabei von der Woge der Begeisterung seiner Soldaten, die, außerhalb des Mutterlandes stehend, nunmehr ihm, Bonaparte,

François Bouchot: General Bonaparte vor dem Rat der 500 in Saint Cloud am 10. November 1799; Ölgemälde, 1840 (Ausschnitt).

mehr als den revolutionären Idealen verpflichtet waren. Er übernahm ein Kommando, das seine Armee 1798 nach **Ägypten** führte, wo er den verbliebenen Kriegsgegner England bekämpfen sollte. Die Vernichtung der französischen Flotte durch die Briten ließ dieses Unternehmen aber scheitern.

Während Napoleons Armee in Ägypten abgeschnitten war, eroberte Österreich vorübergehend Teile Norditaliens zurück und eröffnete damit den **Zweiten Koalitionskrieg**, an dem sich neben England auch Russland und Schweden beteiligten. Diesmal wagten die Jakobiner im Konvent einen erneuten Staatsstreich und ersetzten am 18. Juni 1799 das konservative Direktorium (**Prairial-Staatsstreich**). Angesichts der verworrenen innenpolitischen Verhältnisse schien ein neuer Bürgerkrieg zwischen Jakobinern und Royalisten unvermeidlich. Auch deshalb machte sich allgemein eine **Revolutionsmüdigkeit** breit. Dies ließ führende Köpfe des Direktorialsystems auf eine endgültige Stabilisierung der Verhältnisse hinarbeiten. Da kam es ihnen zupass, dass Bonaparte im Oktober 1799 ohne sein Heer aus Ägypten zurückkehrte.

Am 9. November 1799 war es so weit: Mit Unterstützung von Abbé Sieyès, dem publizistischen Helden des Januar 1789, der sich von dieser Aktion mehr persönlichen Einfluss erhoffte, trieben Bonapartes Soldaten den Konvent auseinander. Mit dem Staatsstreich des 18. Brumaire begann dann Napoleons Herrschaft.

Ende oder Abschluss der Revolution? Konsulat und Kaisertum Napoleon Bonapartes

Napoleons Innenpolitik

Mit dem Staatsstreich des 18. Brumaire enden die meisten Revolutionsgeschichten. Der Beginn der Herrschaft Bonapartes scheint nicht nur die Französische Revolution zu beenden, sondern auch der Beginn einer neuen Epoche zu sein, die eher eine gesamteuropäische Perspektive erfordert. In den folgenden 16 Jahren bis 1815 sollte es dieser Aufsteiger der Revolution schaffen, die politische Landkarte Europas wie kein Zweiter zu verändern. Er steht damit in der vordersten Reihe der **historischen Persönlichkeiten, die die Welt veränderten** und in denen sich Geschichte personifiziert. Von der Wirkung, die Napoleon nach seinem Tod entfaltete, wird später zu reden sein. Von Interesse ist zunächst, wie Napoleon das Erbe der Revolution, ihre Ideen und Anstöße, verwaltete und zu welchem Ziel er es innenpolitisch führte.

Napoleon war der Erbe einer Republik, deren herrschende Elite keinen Anspruch mehr erheben konnte, die heterogene Nation zu repräsentieren. Schließlich wollte sie es angesichts der Ausweglosigkeit ihres Unterfangens auch gar nicht mehr. Das persönliche **Charisma** Napoleons bildete jetzt die umgreifende Klammer für eine Gesellschaft, die von großer politischer Erschöpfung befallen war und sich nach zehn Jahren der Experimente nicht mehr gegen die **Rückkehr einer monarchischen Autorität** stemmte. Napoleon seinerseits war ungeachtet seines unbestrittenen Willens zur Macht klug genug, auf diese Bedürfnisse zu reagieren, **ohne die revolutionären Errungenschaften infrage zu stellen**. In seiner Proklamation vom 15. Dezember 1799 bündelte er beides in der lapidaren Formulierung „Bürger, die Revolution ist den Grundsätzen, von denen sie ihren Ausgang nahm, fest verbunden; sie ist beendet.“

Dieser Satz stand am Ende einer Ankündigung Napoleons, die dem französischen Volk eine **neue Verfassung** in Aussicht stellte. Bereits ihre Einführung war ein Akt diktatorischer Willkür, denn ihre drei Vorgänger waren jeweils von einer gewählten Versammlung erarbeitet worden. Er ließ die Franzosen darüber in einem **Plebiszit** abstimmen. Bei nur rund 2 000 Gegenstimmen stimmten etwa drei Millionen Franzosen dafür, vier Millionen enthielten sich allerdings der Stimme. Von einer Reform der Direktorialverfassung konnte kaum die Rede sein. In der **Konsulatsverfassung** war die Gewaltenteilung zwar zum Schein beibehalten, tatsächlich jedoch lag die Macht allein bei Napoleon. Als **Erster Konsul**, dessen zwei Kollegen nur der Dekoration dienten und sogar von ihm ernannt wurden, besaß er auf verschiedenen Wegen praktisch das **alleinige Recht zur Gesetzesinitiative**. Auch bestimmte er die Zusammensetzung der **Legislative** zu großen Teilen. Diese war jetzt sogar **in vier Kammern** (Staatsrat, Tribunat, Senat, gesetzgebende Versammlung) aufgeteilt. Beratung (im Tribunat) und Abstimmung (in der gesetzgebenden Versammlung) waren wiederum getrennt. Die Abgeordneten dieser beiden Kammern wurden vom **Senat**, dem beratenden Gremium der Konsuln, bestimmt, dessen Mitglieder auf Lebenszeit ernannt waren. Die indirekten, nach einem verschärften Zensus durchgeführten Wahlen lieferten lediglich eine Liste an möglichen Abgeordneten, aus denen die Regierung dann ihre Favoriten auswählen durfte. Der Erste Konsul ernannte alle hohen Beamten, Richter und Militärs. Kurzum, dieses Verfassungsgefüge war so kompliziert, dass es einzig dazu dienen konnte, die **Schlüsselstellung des Ersten Konsuls** zu ermöglichen und gegebenenfalls zu verschleiern. Der Erste Konsul bekleidete dieses Amt laut Verfassung für zehn Jahre, wurde aber bereits **1802** zum **Konsul auf Lebenszeit** ernannt.

Wichtiger als die neue Verfassung war die Ausgestaltung der praktischen Politik im Zeichen der **sozialen Spannungen**. Grundlage der breiten und nach 1799 noch steigenden **Akzeptanz Napoleons** unter den Franzosen war sein Ruf als siegreicher Feldherr. Ihn hatte er freilich zum großen Teil selbst geschaffen, indem er übertriebene Siegesmeldungen von den Kriegsschauplätzen nach Paris sandte und überhaupt geschickte **Medienkampagnen** inszenierte. Auf diese Weise wurde die Bevölkerung auch über das Ägypten-Desaster getäuscht, als Napoleon 1799 seine Armee im Stich ließ und allein nach Frankreich zurückkehrte.

Napoleon als Verfassungsvater neben der Marianne.

In den ersten Jahren als Konsul setzte Napoleon die aggressive **Kriegspolitik** fort und zwang die

Österreicher abermals, die Bestimmungen des Friedens von Campo Formio vier Jahre später im **Frieden von Lunéville** (1801) zu bestätigen. Jetzt hatte diese Kriegspolitik zu einem Gutteil legitimatorische Funktion.

Tatsächlich entfaltete Napoleon aber auch innenpolitisch eine breit gefächerte **Stabilisierungspolitik**. Mit ihr gelang es ihm, durch Kompromisse entscheidende Errungenschaften der Revolution festzuschreiben und sie in die kommenden Dekaden hinüberzuretten. Die Frage, ob Napoleon die **Revolution beendet oder vollendet** habe, ist ein Klassiker des historischen Urteils. Und wie immer fällt es schwer, hierauf eine eindeutige Antwort zu geben.

Alle Franzosen blieben persönlich frei und waren rechtlich gleichgestellt. Dies galt auch für die Juden. Mit einer umfassenden **Amnestie** wurden Ausschreitungen und Verbrechen aller Seiten im Rahmen von Revolution und Bürgerkrieg zu den Akten gelegt. Die eingetretenen **Besitzveränderungen** wurden durch eine **revolutionäre Garantie** bestätigt: Der Verkauf der Güter emigrierter Adliger sowie die Nationalisierung der Kirchengüter wurden nicht rückgängig gemacht. Zurückkehrende Emigranten erhielten allerdings eine finanzielle Entschädigung vom Staat. Den zahlreichen Profiteuren, vor allem aus dem vermögenden Bürgertum, sicherte dieser Schritt den im Laufe der Revolutionsjahre erworbenen Wohlstand.

Auf der anderen Seite wurde den adligen **Emigranten** die **Rückkehr** jetzt ausdrücklich gestattet. Mit der katholischen Kirche kam es 1801 zu einem **Konkordat**. Aus der Erkenntnis heraus, dass die mit der Zivilverfassung des Klerus 1790 eingetretene Kirchenspaltung zwischen verfassungs- und papsttreuen Priestern eine wichtige Triebfeder des Bürgerkrieges gewesen war, anerkannte der französische Staat, dass die Mehrheit seiner Bürger katholischen Glaubens war. Das Wirken der Geistlichkeit wurde fortan nicht mehr behindert, der christliche Kalender 1806 wieder eingeführt und der sonntägliche Gottesdienst auf diese Weise wieder möglich. Emigrierte eidverweigernde Priester kehrten nach Frankreich zurück. Bischöfe wurden, ähnlich wie zu Zeiten des Ancien Régime, von Napoleon als weltlichem Herrscher ernannt und vom Papst geweiht. Umgekehrt verzichtete der Papst auf die Rückerstattung der Kirchengüter. Dank dieses Ausgleichs wurde nicht nur der katholische Glaube wieder in den Staat integriert; es entfiel auch jede gegenrevolutionäre Gefahr vonseiten des Klerus.

Die vielleicht folgenreichste Leistung Napoleons war die Kodifikation des französischen Rechts in einem einheitlichen Gesetzbuch. Der **Code Civil** (auch Code Napoléon genannt), der am 21. 3. 1804 verkündet wurde, beseitigte als allgemein geltendes bürgerliches Gesetzbuch endgültig die rechtlichen Ungleichheiten aus der Zeit des Ancien Régime. Dieser Schritt war beachtlich und er wurde vom Aufbau einer straff **zentralistischen Verwaltung** begleitet, die Frankreich bis heute auszeichnet. Alle Beamten wurden bis hinunter auf die Gemeindeebene fortan von Paris aus ernannt. Die Verwaltungseinteilung in 83 Departements blieb bestehen. Zugleich waren damit die Grundlagen für den Polizeistaat geschaffen, den Napoleon mithilfe seines Polizeiministers Joseph **Fouché**, eine der schillerndsten Figuren der Revolutionsjahre, faktisch ins Leben rief. Hier schreckte Napoleon nicht einmal vor politischen Morden zurück. Inhaltlich wies der Code Civil auch Züge eines Kompromisses auf: Stand auf der einen Seite das Recht auf Eigentum als revolutionäre Errungenschaft, so waren die politischen Freiheitsrechte getilgt. Auch die Familiengesetzgebung nahm sich eher konservativ aus; sie beschnitt die Rechte der Frauen, z. B. bei der Ehescheidung, verglichen mit den Jahren der Revolution.

Man erkennt in all diesen Maßnahmen den politischen Willen eines **sozialen Ausgleichs**, verbunden mit der **Stabilisierung der Verhältnisse**. Dass dies in Frankreich nur innerhalb einer Monarchie gelang, kann man als Scheitern oder zumindest Ende der Revolution ansehen. Dennoch wurde so unterhalb der Herrschaftsebene eine **bürgerliche Gesellschaft geschaffen**, die Frankreich länger als ein Jahrhundert lang prägen sollte. In ihr waren wesentliche Errungenschaften der Revolution verankert; das Ancien Régime sollte nie wieder zurückkehren.

Napoleon im Krönungsornat; auf dem Tisch neben ihm befinden sich die Reichsinsignien sowie der „Code Napoleon“; Gemälde von Jacques-Louis David.

Vom Konsulat zum Kaisertum

Die Figur des charismatischen Herrschers, dem die Herzen der Franzosen in den ersten Jahren der Herrschaft zuflogen, spottete den Ideen der Aufklärung Hohn und belegt die mangelnde theoretische Deduzierbarkeit politischer Wirkungszusammenhänge, auch im Zeichen und im Zeitalter der Vernunft. Problematisch blieb für Napoleon indes stets die Frage seiner **Legitimation**. Zwar entstammte er dem niederen korsischen Adel und konnte auf seine jakobinische Vergangenheit verweisen. Dennoch blieb die Grundlage seiner Herrschaft unsicher und in gewissem Maße stimmungsabhängig. Die Euphorie über seine militärischen Heldentaten konnte schnell ins Gegenteil umschlagen. Er verfiel daher darauf, die alten dynastischen Legitimationsmuster zu reaktivieren und zu aktualisieren. Als der Senat ihm 1804 die Kaiserwürde antrug, bildete dies den Auftakt zu einer komplexen **Inszenierung der napoleonischen Herrschaft**, die ihrerseits die Doppeldeutigkeit von Napoleons Monarchie am Ende der Französischen Revolution vor Augen stellt.

Die **Kaiserkrönung** am 2. 12. 1804 in der Kathedrale Notre-Dame in Paris (siehe das Bild unten von Jacques-Louis David), war bereits Teil dieser Inszenierung. Zwar war Papst Pius VII. anwesend und salbte Napoleon nach altem Brauch. Napoleon krönte sich jedoch selbst und gab damit zum Ausdruck, dass er nicht mehr Herrscher von Gottes Gnaden war, sondern ein (konstitutioneller) Monarch, den seine eigene Leistung auf den Thron geführt hatte. Entsprechend schuf er sich einen neuen Hofstaat mit prachtvoller **Hofhaltung** und ein **neues Adelskorps**, das zum großen Teil aus Militärs bestand.

Exkurs: Das Herrscherbild Napoleons – Die Visualisierung einer konstruierten Tradition

Nach der Kaiserkrönung entstanden mehrere Herrscherbilder, darunter das folgende von Jean-Auguste-Dominique Ingres (1780–1867), auf dem Napoleon mit den Insignien seiner Macht auf dem Kaiserthron dargestellt ist. Für keines dieser Bilder hat Napoleon Modell gesessen. Es handelt sich insofern um eine fiktive Darstellung des napoleonischen Kaisertums. Eine ikonographische Analyse lässt aber das Bemühen um den Anschluss an Herrschertraditionen deutlich werden. Nur vordergründig erinnert die Darstellung Napoleons hier an die eines absolutistischen Herrschers.

Jean-Auguste-Dominique Ingres: Napoleon I. auf dem Kaiserthron, Ölgemälde, 1806.

Napoleon ist in Frontalansicht, auf einem prächtigen Thron sitzend, abgebildet. Dies entspricht der Darstellung mittelalterlicher Könige und Kaiser des Römischen Reiches, weckt aber auch Assoziationen an die Darstellung Jupiters, dem oft ein Adler beigesellt wird, der sich hier auf dem Teppich zu Füßen des Thrones findet. In beiden Händen hält er Insignien, rechts das Zepter als Symbol seiner öffentlichen Gewalt, links die Schwurhand als Symbol seiner Gerichtsbarkeit. Beides sind Insignien des mittelalterlichen französischen Königs. Im konkreten Fall wird hier der Bezug auf Karl den Großen (Charlemagne, reg. 768–814), dessen Statue die Spitze des Zepters ziert, gesucht. Karls Schwert trägt Napoleon zur Linken. Auch das Krönungsornat sucht den Rückgriff auf das Mittelalter. An die Stelle der bourbonischen Lilie auf blauem Grund ist die Biene als Symbol der frühmittelalterlichen Merowingerdynastie getreten, die Grundfarbe des Mantels ist purpur. Napoleon trägt jedoch keine mittelalterliche Krone, sondern einen antiken Lorbeerkranz, wie er vorzugsweise siegreichen Feldherren verliehen wurde. Auch der Thron weist antike Formelemente auf. Das französische Königtum des Ancien Régime findet sich symbolisch im Orden vom Heiligen Geist dargestellt, den Napoleon an einer breiten Kette vor der Brust trägt. Auch der Hermelinrücken erinnert an den Krönungsmantel der Bourbonen.

Die Symbolsprache des Gemäldes weist somit auf die aufwendige Konstruktion von Napoleons imperialer Idee hin: Sie stellt einen Kompromiss zwischen Revolution und Ancien Régime dar, gründet sich auf die militärischen Erfolge Napoleons und erhebt den Anspruch, Universalmonarchie zu sein. Durch den Rückgriff auf Karl den Großen, den letzten König des Frankreich und Deutschland vereinenden Frankenreiches, formuliert Napoleon den Anspruch auf den antiken, im Mittelalter von den deutschen Königen weitergeführten Kaisertitel, der Ausdruck der **Weltherrschaft** ist.

Zur Zeit der Fertigstellung des Gemäldes im Jahre 1806 hatte Napoleon hierfür bereits weitere Grundlagen geschaffen. Mit der territorialen Neuordnung Deutschlands im **Reichsdeputationshauptschluss** von 1803 und dem triumphalen Sieg über Österreich im **Dritten Koalitionskrieg** 1805 war das Heilige Römische Reich deutscher Nation Geschichte. Sein Ende wurde mit der Niederlegung der Kaiserkrone durch Franz II. am 6. August 1806 besiegelt. Jetzt füllte Napoleon diese Rolle aus, vereinnahmte in seinem Kaisertitel gewissermaßen die römisch-deutsche Tradition und eroberte in den Folgejahren ganz Mittel- und Osteuropa. Um einen dynastischen Anspruch für seine Familie zu legen, ging er 1810 eine Ehe mit der Habsburger Prinzessin Marie Luise ein. Sein Stern begann erst zu sinken, als die **Große Armee 1812** in Russland eine vernichtende Niederlage erlitt.

Der Mythos Napoleon – Das Nachleben eines Großen Individuums

50 Jahre Arbeit am Mythos Napoleon: Jacques-Louis David stilisierte Napoleon 1800 in klassischer Feldherrenpose. Delaroche (1850) hingegen gewinnt Napoleon, der kein guter Reiter war, eine menschliche Komponente ab und entkleidet ihn imperialer Größe.

Die Vielschichtigkeit von Napoleons Wirken, vor allem aber die Faszinationskraft seines Charismas, haben seinen Sturz und frühen Tod im Exil im Jahre 1821 überdauert. Nachdem er selbst bereits daran gearbeitet hatte, arbeitete auch die Nachwelt am **„Mythos Napoleon"**. Mit Mythos ist hier das Weiterleben, ja -wuchern von zumeist einseitigen Zuschreibungen an seine Person gemeint, die sich immer weiter von der realen Persönlichkeit entfernten. Napoleon wird auf vielfache Weise in den verschiedensten Kontexten aufgerufen und funktionalisiert. Zugleich ist damit das Irrationale der Gefühlswelten und Assoziationen gemeint, das Napoleon wie vor ihm vielleicht nur Caesar oder Alexander der Große und nach ihm – allerdings unter völlig anderen Vorzeichen – Hitler, Stalin und eventuell noch Mao Zedong erzeugt haben. Bei Napoleon fällt nun auf, dass der Katalog an Zuschreibungen nach Urhebern differenziert ist. In Frankreich überwiegt bis heute eine eher unkritische Verehrung. Sie fand ihren Ausdruck unter anderem darin, dass die sterblichen Überreste Napoleons im Jahre 1840 in den Pariser Invalidendom überführt wurden. Bis heute verkörpert Napoleon die imperiale Größe Frankreichs und ist daher eine **Identifikationsfigur des französischen kulturellen Gedächtnisses**.

Weit vielschichtiger gestaltete sich dieses Bild **in Deutschland**. Hier ließ die napoleonische Herrschaft Verlierer und Gewinner zurück. Bereits die territoriale Neuordnung der Staaten des Rheinbundes entkleidete zahlreiche Fürsten kleiner Territorien ihrer Herrschaft. Hiervon waren insbesondere geistliche Herrschaften betroffen, die **säkularisiert**, d. h. in weltliche Herrschaft überführt wurden. Andererseits schuf die **Mediatisierung**, die Zusammenfassung des zersplitterten Flickenteppichs zu mittelgroßen Staaten, Gewinner in Gestalt derjenigen Fürsten, deren Territorien bis heute namengebend für unsere Bundesländer sind: Die Fürsten von Baden, Württemberg, Bayern und Preußen etwa konnten ihre Staaten dank Napoleons Intervention vergrößern und wurden zum Teil auch noch im Adelsrang aufgewertet. In Süddeutschland trat Napoleon insofern als Ordnungsmacht auf, die alte Zöpfe abschnitt und die Grundlagen für funktionsfähige Staaten legte. Hinzu kamen die von ihm eingeführten Verfassungen und Rechtskodifikationen. Die deutschen Staaten und ihre Bevölkerung hatten bisher keine plötzlichen politischen Veränderungen, geschweige denn eine Revolution erlebt. Daher bedeuteten die napoleonischen Gesetze für sie einen erheblichen **Zugewinn an bürgerlichen Freiheitsrechten**. Auch wenn diese nach dem Ende der französischen Besatzung vorerst wieder rückgängig gemacht wurden, stellten sie doch für die Zukunft die Messlatte politischen Fortschritts dar. Die Errungenschaften der Revolution, von den Franzosen blutig ausgefochten, wurden Deutschland durch Napoleon eingepflanzt. Die Entwicklung der bürgerlichen Gesellschaft durch die Etablierung eines modernen Eigentumsbegriffs, das Ende der Grundherrschaft, die Einführung der Gewerbefreiheit und des modernen, zentralisierten Verwaltungsstaates oder der systematische Ausbau des höheren Bildungswesens – all das waren entweder Folgen mittelbarer französischer Herrschaft oder sie wurden wie im Falle der **Preußischen Reformen** ab 1807 von den Fürsten der unterlegenen Staaten bzw. ihren Ministern ins Leben gerufen. In den Augen derer, die diese Entwicklungen guthießen, blieb Napoleon auch in seinem Nachleben ein **Apostel des Fortschritts und der Freiheit**, der den gordischen Knoten des Feudalismus durchschlug.

Andererseits setzte Napoleon die bereits in den Italienkriegen vor Beginn seines Konsulats praktizierte Politik der rücksichtslosen **Ausbeutung** der eroberten Länder fort. Ihren sinnfälligsten Ausdruck fand diese im exzessiven **Kunstraub**, der die Magazine des Louvre füllte. Steuern und Abgaben wurden bisweilen willkürlich erlassen und erhoben. Der norddeutsche Raum, von Frankreich bis 1813 annektiert, litt unter der **Kontinentalsperre**, durch die Napoleon den Handel mit England zu unterbinden versuchte, um dessen Wirtschaft ins Mark zu treffen. Allen deutschen Gebieten gemeinsam waren ferner die Auswirkungen der Kriegshandlungen auf deutschem Boden und vor allem die traumatische Erfahrung des Niedergangs der Großen Armee 1812 vor Moskau. Ihr gehörten zahlreiche Deutsche an, die zwangsweise eingezogen worden waren und nicht wieder heimkehrten. Aus diesem Blickwinkel war Napoleon ein **machtbesessener Tyrann**, der über Leichen ging.

Schließlich bewirkte Napoleon indirekt Entwicklungen, die für das 19. Jahrhundert entscheidende Weichenstellungen waren. Im Widerstand gegen Napoleon, der in den **Befreiungskriegen** 1813 zum Ausbruch kam, formierte sich in Deutschland erstmals der Gedanke eines politischen **Nationalismus**. Analog zur französischen bildete sich jetzt auch der Gedanke der deutschen Nation, die man von französischer Fremdherrschaft befreien wollte. Die Freiheitslieder und -gedichte dieser Jahre legen ein beredtes Zeugnis von der nationalen Euphorie ab, die damals insbesondere die jüngere Generation bewegte und sich Napoleon zum Feindbild machte. Der 1815 geschaffene **Deutsche Bund** erfüllte als loser Staatenbund souveräner Fürsten diese Wünsche nicht. Die Aufhebung der Freiheitsrechte und die Unterdrückung des Nationalismus in der folgenden **Restaurationsphase** bewirkten, dass die liberalen Ideen, die Napoleon vertreten hatte, diesen wieder zum Freiheitshelden werden ließen. In diesem Sinne blieb die Rezeption Napoleons im 19. Jahrhundert überwiegend positiv besetzt und wurde von der sich anbahnenden deutsch-französischen „Erbfeindschaft“ nicht nachhaltig gestört. Napoleon blieb im deutschen kollektiven Gedächtnis bis 1945 allgegenwärtig.

Doch auch abseits seiner Verortung im politischen Raum imponierte Napoleon als **Prototyp des Großen Individuums**. Allein als gewaltige historische Persönlichkeit forderte er zu einem unpolitischen, stattdessen ästhetischen oder philosophischen Urteil heraus. Napoleons Strahlkraft vermochte es, die divergierenden, paradoxen Erscheinungen seiner Zeit in seiner Persönlichkeit zu bündeln, den Zeitgeist, ja die Geschichte insgesamt zu personifizieren. Der „Weltgeist zu Pferde“ – dieses Bonmot wurde fälschlich dem Philosophen Gottfried Wilhelm Friedrich Hegel (1770–1831) zugeschrieben – verkörperte den Geist seiner Zeit auch in seiner Widersprüchlichkeit. Daran hat sich prinzipiell bis heute nichts geändert, nur dass uns Napoleon heute doch merklich ferner steht.

Ausblick und Fazit

Die Allegorie der Freiheit stellte der Maler Eugène Delacroix ins Zentrum seines Gemäldes von 1833, das den Sieg der Revolutionäre vom Juli 1830 darstellt.

Die Dekade der Französischen Revolution zwischen 1789 und 1799 brachte Frankreich neben großen gesellschaftlichen Umbrüchen zahlreiche, rasch aufeinanderfolgende Verfassungsänderungen. Weder die 15-jährige Herrschaft Napoleons noch die folgenden Jahrzehnte wurden durch sie auf eine stabile Grundlage gestellt. Zwar wiederholte sich eine solche Verdichtung kein zweites Mal. Revolutionen blieben in Frankreich dennoch als Mittel der Politik auf der Tagesordnung.

Der Sieg der Koalitionstruppen über Napoleon 1814 brachte zunächst die Rückkehr der Bourbonen. Dies war, dem Zeitalter entsprechend, durchaus ein Akt der **Restauration**; aber auch wenn Ludwig XVIII., der Bruder des unglück lichen Ludwig XVI., sich wiederum als Monarch von Gottes Gnaden sah, verzichtete er wie Napoleon darauf, an den revolutionären Besitzveränderungen zu rütteln. Die **Juli-Revolution von 1830** beendete die Restauration zugunsten des Bürgerkönigtums von Louis-Philippe, dessen konstitutionelle Monarchie wiederum von liberalem Gedankengut dominiert wurde und eine klare besitzbürgerliche Option besaß. Die **Revolution von 1848** war ein vielschichtiges Gebilde. Sie beendete die Bourbonenherrschaft endgültig und mündete in die – nach 1792 Zweite – Republik. Deren gewählter Staatspräsident, Napoleons Neffe Louis Napoleon Bonaparte, reagierte auf die tiefen sozialen Gräben mit einem populistischen Programm und ließ schon 1852 das bonapartistische Kaisertum in Gestalt einer **plebiszitären Monarchie** als Napoleon III. wiederaufleben. Erst sein Sturz nach der französischen Niederlage im Deutsch-Französischen Krieg 1870/71 führte dazu, dass sich mit der **Dritten Republik** (bis 1940) die republikanische Staatsform erstmals dauerhaft etablieren konnte. Das letzte Jahrzehnt des 18. Jahrhunderts, so scheint es, hatte Frankreich eine Agenda vorgelegt, die das gesamte 19. Jahrhundert in einem zweiten, langsameren Durchgang abzuarbeiten hatte.

Solange die Welt in West und Ost eingeteilt war und zwei politische Systeme mit unterschiedlichen Deutungsweisen von Geschichte und Politik bestanden, hätte niemand die zentrale welthistorische Bedeutung der Französischen Revolution infrage gestellt. Noch das 200-jährige Jubiläum der Revolution 1989 ermöglichte klare Zuordnungen: Die freiheitlichen Demokratien des kapitalistischen Westens identifizierten sich mit dem **bürgerlichen Charakter der Revolution** in seiner Erscheinungsvielfalt, während die Kommunisten diesen zwar durchaus anerkannten, die bürgerliche Revolution aber nur als Vorstufe und Vorbereitung einer folgenden **proletarischen Revolution** ansahen. Erste Anstöße dafür seien zwar bereits in Frankreich nachzuweisen, am Ende des 18. Jahrhunderts aber noch verfrüht gewesen und daher folgerichtig über Ansätze nicht hinausgelangt. Zugleich identifizierte man sich, je nach dem eigenen politischen Standpunkt, mit den Zielen und Interessen der beteiligten Klassen Adel, Groß- oder Kleinbürgertum. Dementsprechend favorisierte die **liberale Geschichtsschreibung** die Phase von 1789 bis 1791, während Sozialisten Gefallen am Agieren der Sansculotten ab 1792 fanden. Konservative Historiker vor allem des 19. Jahrhunderts hingegen hatten die Reformierbarkeit des Ancien Régime betont und die gesamte Revolution als vermeidbar dargestellt. Kurzum, die kennzeichnenden weltanschaulichen Gegensätze, die bereits in der Revolution selbst hervorgetreten waren und das gesamte 19. Jahrhundert über konkurrierten, hinterließen, noch verstärkt durch ihre Weiterentwicklungen im 20. Jahrhundert, auch in der Revolutionsgeschichtsschreibung ihre Spuren.

Noch im selben Jahr 1989 wurde die bipolare Welt des 20. Jahrhunderts ihrerseits Geschichte und ist in Geschichtswissenschaft wie -unterricht nicht mehr grundlegend für Fragen der **historischen Interpretation**. Daher fehlt der Deutung der Französischen Revolution seither diese Bezugsgrundlage, auch und gerade im politischen Bewusstsein junger Menschen. Die **marxistische Revolutionstheorie**, die Geschichte als Geschichte der Klassenkämpfe definierte und in Revolutionen abrupt voranschreiten sah, kann ungeachtet ihrer analytischen Brillanz als widerlegt angesehen werden. Denn zu keiner Zeit hat sich im Anschluss an die bürgerliche Revolution die Klassenlage so zugespitzt, dass einer kleinen Schicht von Unternehmern eine riesige, homogene Schicht an ausgebeuteten Proletariern gegenüberstand, die schließlich selbst das Heft in die Hand nahm und eine sozialistische, später kommunistische Gesellschaft schuf. Aber auch die Grundannahme des westlichen kulturellen Gedächtnisses, dass die Französische Revolution einen Meilenstein des Fortschritts auf dem Weg der Realisierung liberaler Grundwerte darstellte, wird durch die Vielzahl und Vielschichtigkeit der erzielten (Detail-)Ergebnisse infrage gestellt und relativiert.

An die Stelle einer eurozentrischen Auffassung über das, was in der Geschichte wichtig ist, tritt mehr und mehr eine **globale Sicht**. Sie relativiert das für Europa wegweisende Revolutionsgeschehen zwangsläufig, indem sie es bestenfalls gemeinsam mit der amerikanischen in einen weiteren Rahmen atlantischer Revolutionen einordnet. Darüber hinaus scheint die Industrielle Revolution als Kennzeichen des 19. Jahrhunderts angesichts der aktuellen Fragestellungen viel bedeutsamer für die Beantwortung heutiger Fragen des interessierten Laien zu sein. Schließlich sind es im Zeichen von Globalisierung und Klimawandel ihre Auswirkungen, die unser Leben heute in viel stärkerem Maße prägen als die inzwischen für selbstverständlich gehaltenen, weil nicht mehr ernsthaft gefährdeten Ideen von 1789.

Ist also die Französische Revolution als Thema des Geschichtsunterrichts im Grunde genommen veraltet? Es gibt mindestens zwei Argumente, die dagegen sprechen.

Erstens verliert die Frage nach den Grundlinien des politischen Denkens nicht dadurch an Relevanz, dass sie aktuell – auch und gerade unter Jugendlichen – wenig präsent ist. Die Entpolitisierung resultiert zum großen Teil aus der Erfahrung, dass vieles von dem, was man früher aktiv gestalten zu können glaubte, in ein Geflecht weltweiter Wechselwirkungen eingebunden ist. Dennoch haben die **politischen Grundideen des Konservatismus, Liberalismus und Sozialismus**, wie sie das 19. Jahrhundert hervorbrachte, nichts von ihrer Bedeutung verloren. Sie sind ständig präsent, wenn über Politik diskutiert wird. Daher sollte man die verschiedenen Modelle gesellschaftlichen Miteinanders, wie sie in der Französischen Revolution verdichtet gestaltet wurden, kennen. Aber auch der **Individualismus** als Kennzeichen heutigen Lebensgefühls wäre ohne die Beseitigung der Ständegesellschaft undenkbar und kann in seiner Entstehung auch unmittelbar auf die Französische Revolution zurückgeführt werden.

Zweitens hat sich in der Geschichtswissenschaft in Anlehnung an den Historiker Eric Hobsbawm die Bezeichnung vom **„langen 19. Jahrhundert 1789–1914“** eingebürgert. Das 19. Jahrhundert rückt gegenwärtig, auch angesichts der oben beschriebenen Umorientierung des historischen Erkenntnisinteresses, vermehrt in den Blick der Geschichtswissenschaft. Es ist unbestreitbar, dass die Französische Revolution gemeinsam mit der amerikanischen Unabhängigkeit zumindest bezogen auf Europa die Ouvertüre für dieses Zeitalter war. Alles was folgt, ist nicht zu verstehen ohne das Wissen um die **Besonderheiten der bürgerlichen Gesellschaft**. Und genau deren Entstehung lässt sich in Frankreich exemplarisch hervorragend verfolgen.

Literatur

Nicht aufgeführt sind Lexika, Handbücher oder Reihen zur europäischen oder Weltgeschichte. Auch die Homepage historicum.net bietet einen Themenbereich Französische Revolution an (http://www.historicum.net/ themen/franzoesische-revolution/)

Zum Einstieg bzw. zur kompakten Wiederholung:

Hans-Ulrich Thamer: Die Französische Revolution. München 2009.

Axel Kuhn: Die Französische Revolution. Stuttgart 1999.

Für eingehendere Beschäftigung bzw. zur Untersuchung einzelner Problemfelder:

François Furet, Denis Richet: Die Französische Revolution. Frankfurt/Main 1987.

Wolfgang Kruse: Die Französische Revolution. Paderborn 2005.

Walter Markov, Albert Soboul: 1789. Die Große Französische Revolution. Köln 1989 (Gesamtdarstellung aus marxistischer Sicht).

Ernst Schulin: Die Französische Revolution. München 2004.

Michel Vovelle: Die Französische Revolution. Soziale Bewegung und Umbruch der Mentalitäten. Frankfurt/Main 1985.

Zur Kontextualisierung der Franz. Revolution in verschiedenen Perspektiven:

Jürgen Osterhammel: Die Verwandlung der Welt. Eine Geschichte des 19. Jahrhunderts. München 2009.

Charles Tilly: Die europäischen Revolutionen. München 1993.

Heinrich August Winkler: Geschichte des Westens. Von den Anfängen der Antike bis zum 20. Jahrhundert. München 2009.

Zum Alteuropa-Begriff:

Otto Brunner: Das „ganze Haus" und die alteuropäische „Ökonomik". In: Ders., Neue Wege der Verfassungs- und Sozialgeschichte. Göttingen 1980, S. 103–127.

Zum Absolutismus:

Ernst Hinrichs. Fürsten und Mächte. Zum Problem des europäischen Absolutismus. Göttingen 2000.

Zum Zeitalter der Aufklärung:

Barbara Stollberg-Rilinger: Europa im Jahrhundert der Aufklärung. Stuttgart 2000.

Zur Ikonographie des Kaiserporträts von Ingres (S. 92):

http://www.metmuseum.org/explore/Ingres/Ingres/HTML/el_ingres_c10.htm.

Stichwortverzeichnis

Bildnachweis

Umschlagbild: bpk/Kunstbibliothek, SMB/Knud Petersen

bpk: S. 49, 73
bpk/Alfredo Dagli Orti: S. 65
bpk/Hermann Buresch: S. 67
bpk/RMN: S. 92
bpk/RMN / Bulloz: S. 37
bpk/Stiftung Preussische Schlösser und Gärten Berlin-Brandenburg /Jörg P. Anders: S. 94
ullstein bild: S. 35
ullstein bild – AISA: S. 22
ullstein bild – AKG Pressebild: S. 19
ullstein bild – Granger Collection: S. 10
ullstein bild – Imagno: S. 85
ullstein bild – Lombard: S. 97
ullstein bild – Roger Viollet: S. 40, 77

Ihre Meinung ist uns wichtig!

Ihre Anregungen sind uns immer willkommen. Bitte informieren Sie uns mit diesem Schein über Ihre Verbesserungsvorschläge!

Titel-Nr.	Seite	Vorschlag

Bitte hier abtrennen

Lernen • Wissen • Zukunft
STARK

Zutreffendes bitte ankreuzen!

Die Absenderin/der Absender ist:

- ☐ Lehrer/in in den Klassenstufen: ______
- ☐ Fachbetreuer/in
  Fächer: ______
- ☐ Seminarlehrer/in
  Fächer: ______
- ☐ Regierungsfachberater/in
  Fächer: ______
- ☐ Oberstufenbetreuer/in
- ☐ Schulleiter/in
- ☐ Referendar/in, Termin 2. Staatsexamen: ______
- ☐ Leiter/in Lehrerbibliothek
- ☐ Leiter/in Schülerbibliothek
- ☐ Sekretariat
- ☐ Eltern
- ☐ Schüler/in, Klasse: ______
- ☐ Sonstiges: ______

Unterrichtsfächer: (Bei Lehrkräften!)

______

STARK Verlag
Postfach 1852
85318 Freising

22-V1T_GW
Bitte ausfüllen und im frankierten Umschlag an uns einsenden. Für Fensterkuverts geeignet.

Kennen Sie Ihre Kundennummer? Bitte hier eintragen.

Absender (Bitte in Druckbuchstaben!)

Name/Vorname

Straße/Nr.

PLZ/Ort/Ortsteil

Telefon privat

Geburtsjahr

E-Mail

Schule/Schulstempel (Bitte immer angeben!)

Bitte hier abtrennen

Sicher durch das Abitur!

Effektive Abitur-Vorbereitung für Schülerinnen und Schüler:
Klare Fakten, systematische Methoden, prägnante Beispiele sowie Übungsaufgaben auf Abiturniveau <u>mit erklärenden Lösungen zur Selbstkontrolle</u>.

Deutsch

Dramen analysieren und interpretieren	Best.-Nr. 944092
Erörtern und Sachtexte analysieren	Best.-Nr. 944094
Gedichte analysieren und interpretieren	Best.-Nr. 944091
Epische Texte analysieren und interpretieren	Best.-Nr. 944093
Abitur-Wissen Erörtern und Sachtexte analysieren	Best.-Nr. 944064
Abitur-Wissen Textinterpretation Lyrik · Drama · Epik	Best.-Nr. 944061
Abitur-Wissen Deutsche Literaturgeschichte	Best.-Nr. 94405
Abitur-Wissen Prüfungswissen Oberstufe	Best.-Nr. 94400
Kompakt-Wissen Rechtschreibung	Best.-Nr. 944065
Kompakt-Wissen Literaturgeschichte	Best.-Nr. 944066
Grundwissen Epochen der deutschen Literatur im Überblick	Best.-Nr. 104401
Klausuren Deutsch Oberstufe	Best.-Nr. 104011

Englisch

Übersetzung	Best.-Nr. 82454
Grammatikübungen	Best.-Nr. 82452
Themenwortschatz	Best.-Nr. 82451
Grundlagen, Arbeitstechniken, Methoden mit Audio-CD	Best.-Nr. 944601
Sprachmittlung	Best.-Nr. 94469
Sprechfertigkeit mit Audio-CD	Best.-Nr. 94467
Klausuren Englisch Oberstufe	Best.-Nr. 905113
Abitur-Wissen Landeskunde Großbritannien	Best.-Nr. 94461
Abitur-Wissen Landeskunde USA	Best.-Nr. 94463
Abitur-Wissen Englische Literaturgeschichte	Best.-Nr. 94465
Kompakt-Wissen Abitur Themenwortschatz	Best.-Nr. 90462
Kompakt-Wissen Abitur Landeskunde/Literatur	Best.-Nr. 90463
Kompakt-Wissen Kurzgrammatik	Best.-Nr. 90461
Kompakt-Wissen Grundwortschatz	Best.-Nr. 90464

Französisch

Sprachmittlung · Übersetzung	Best.-Nr. 94512
Themenwortschatz	Best.-Nr. 94503
Textarbeit Oberstufe	Best.-Nr. 94504
Klausuren Französisch Oberstufe mit MP3-CD	Best.-Nr. 105011
Abitur-Wissen Französische Literaturgeschichte	Best.-Nr. 94506
Kompakt-Wissen Abitur Wortschatz Oberstufe	Best.-Nr. 945010
Kompakt-Wissen Abitur Kurzgrammatik	Best.-Nr. 945011

Latein

Abitur-Wissen Lateinische Literaturgeschichte	Best.-Nr. 94602
Abitur-Wissen Römische Philosophie	Best.-Nr. 94604
Abitur-Wissen Prüfungswissen Latinum	Best.-Nr. 94608
Klausuren Latein Oberstufe	Best.-Nr. 106011
Kompakt-Wissen Abitur Basisautoren Oberstufe	Best.-Nr. 946010
Kompakt-Wissen Kurzgrammatik	Best.-Nr. 906011

Spanisch

Kompakt-Wissen Wortschatz Oberstufe	Best.-Nr. 945401

Erdkunde/Geographie

Geographie Oberstufe	Best.-Nr. 949098
Geographie 1 – Bayern	Best.-Nr. 94911
Geographie 2 – Bayern	Best.-Nr. 94912
Geographie – Baden-Württemberg	Best.-Nr. 84905
Geographie – NRW Grundkurs · Leistungskurs	Best.-Nr. 54902
Abitur-Wissen Entwicklungsländer	Best.-Nr. 94902
Abitur-Wissen Europa	Best.-Nr. 94905
Abitur-Wissen Der asiatisch-pazifische Raum	Best.-Nr. 94906
Abitur-Wissen GUS-Staaten/Russland	Best.-Nr. 94908
Kompakt-Wissen Abitur Erdkunde Allgemeine Geografie · Regionale Geografie	Best.-Nr. 949010
Kompakt-Wissen Abitur – Bayern Geographie Q11/Q12	Best.-Nr. 9490108
Lexikon Erdkunde	Best.-Nr. 94904

Politik

Abitur-Wissen Demokratie	Best.-Nr. 94803
Abitur-Wissen Sozialpolitik	Best.-Nr. 94804
Abitur-Wissen Die Europäische Einigung	Best.-Nr. 94805
Abitur-Wissen Politische Theorie	Best.-Nr. 94806
Abitur-Wissen Internationale Beziehungen	Best.-Nr. 94807
Kompakt-Wissen Abitur Grundlagen der nationalen und internationalen Politik	Best.-Nr. 948001
Kompakt-Wissen Abitur Grundbegriffe Politik	Best.-Nr. 948002

(Bitte blättern Sie um)